Arno Schelle

Das Problem des Zinsnehmens in der Theologie und Wirtschaft

Geschichte, Gegenwart und mögliche Zukunft eines alten Konstruktionsfehlers im Geld- und Währungssystem.

Hannover-Fredelsloh 2001

Ich danke Bettina Asch für ihre EDV-Unterstützung,
Lothar Baumelt und dem Team vom Bildungswerk Leben und
Umwelt e.V. in der Alten Schule Fredelsloh für manche Idee,
Prof. Dr. Harry Noormann und Prof. Dr. Friedrich Johannsen
von der Universität Hannover (Institut für Religionspädagogik)
für die Betreuung der vorliegenden Examensarbeit
sowie meiner Familie.

Zinseszinszinseszinszinseszinszinseszinszinseszinszinseszinszinsesz
Kindeskindkindeskindkindeskindkindeskindkindeskindkindeskindki
Zinseszinszinseszinszinseszinszinseszinszinseszinszinseszinszinsesz
Kindeskindkindeskindkindeskindkindeskindkindeskindkindeskindki
Zinseszinszinseszinszinseszinszinseszinszinseszinszinseszinszinsesz
Kindeskindkindeskindkindeskindkindeskindkindeskindkindeskindki
Zinseszinszinseszinszinseszinszinseszinszinseszinszinseszinszinsesz
Kindeskindkindeskindkindeskindkindeskindkindeskindkindeskindki
Zinseszinszinseszinszinseszinszinseszinszinseszinszinseszinszinsesz
Kindeskindkindeskindkindeskindkindeskindkindeskindkindeskindki
Zinseszinszinseszinszinseszinszinseszinszinseszinszinseszinszinsesz
Kindeskindkindeskindkindeskindkindeskindkindeskindkindeskindki
Zinseszinszinseszinszinseszinszinseszinszinseszinszinseszinszinsesz
Kindeskindkindeskindkindeskindkindeskindkindeskindkindeskindki
Zinseszinszinseszinszinseszinszinseszinszinseszinszinseszinszinsesz
Kindeskindkindeskindkindeskindkindeskindkindeskindkindeskindki
Zinseszinszinseszinszinseszinszinseszinszinseszinszinseszinszinsesz
Kindeskindkindeskindkindeskindkindeskindkindeskindkindeskindki
Zinseszinszinseszinszinseszinszinseszinszinseszinszinseszinszinsesz
Kindeskindkindeskindkindeskindkindeskindkindeskindkindeskindki
Zinseszinszinseszinszinseszinszinseszinszinseszinszinseszinszinsesz
Kindeskindkindeskindkindeskindkindeskindkindeskindkindeskindki
Zinseszinszinseszinszinseszinszinseszinszinseszinszinseszinszinsesz
Kindeskindkindeskindkindeskindkindeskindkindeskindkindeskindki
Zinseszinszinseszinszinseszinszinseszinszinseszinszinseszinszinsesz
Kindeskindkindeskindkindeskindkindeskindkindeskindkindeskindki
Zinseszinszinseszinszinseszinszinseszinszinseszinszinseszinszinsesz

Wir haben die Erde nur von unseren Kindern geliehen. © Arno Schelle

Inhaltsverzeichnis

Visualisierung: "Wir haben die Erde von unseren Kindern nur geliehen" 3

1. Einleitung oder: Das *Kaum-Vorstellbare* (sich) vorstellen. Die *Erotik des Geldes* und die Exotik der Zinskritik 8

2. Chronologie und Stand der Forschung 13

3. Biblische Grundlagen 16

3.1. Die Rolle der Zinsen im mosaischen Gesetz 16

3.1.1. Das Wirtschaftsrecht der Tora als Kontext des Zinsverbotes 16

3.1.2. Die einzelnen Elemente des Wirtschaftsrechts in der Tora 19

3.1.3. Das Zinsverbot als Vorbeugung gegen die Verelendung 24

3.2. Die Einschätzung der Zinsen im Neuen Testament 29

3.2.1. Die sozio-ökonomische Situation zur Zeit Jesu 31

3.2.2. Das Vaterunser ökonomisch gesehen 34

3.2.3. *Zu Leihen, wo man nichts hoffet* als praktizierter Glaube im Kontext der Feindesliebe (Lk 6, 34f.) 36

3.2.4. Der Konflikt um die Auslegung des Gleichnisses von den anvertrauten Pfunden/Talenten (Lk 19, 11-28) 37

3.2.4.1. Die symbolische Interpretation
der Talente als Gaben Gottes 43
3.2.4.2. Der historische Zugang:
Der dritte Knecht widersteht
dem tyrannischen König Archelaus 48

4. Geschichte und Kirchengeschichte 53
4.1. Die Antike und die *Unfruchtbarkeit des Geldes* 54
4.2. Die Kirchenväter und die Zinsnahme 56
4.3. Die Scholastik und der Zins 58
4.4. Rehabilitation durch das Jenseits:
Der mittelalterliche Wucherer
und das Fegefeuer 61
4.5. Die Reformatoren
und ihre Stellung zu Zins und Wucher 66

4.5.1. Wider den Wucher: Luther und der Zins 66
4.5.2. Zwingli und die Bezwingung des Zinses 70
4.5.3. Calvin: Umgehen mit Wucher
wie der Apotheker mit Gift 73

4.6. Melanchthon, Salmasius und Grotius:
Weichenstellungen zur Marginalisierung
der Zinsfrage im 16. und 17. Jahrhundert 76
5. Zwei Religionen und die Zinsfrage:
Christen und Juden 82

5.1. Die Auswirkungen des Zinsverbotes
der Christen auf die Juden 82

5.2. *"Um dieses Gelderwerbs*
willen schützt man sie und – tötet man sie."
Die Stigmatisierung der Juden   86

5.3. Luthers antisemitische Haltung
und die Wucherfrage   89

5.4. Der Nationalsozialismus und die sogenannte
"Brechung der Zinsknechtschaft"   91

    5.4.1. Ein theologischer Zeitschriftenartikel
    zum Zinsthema aus dem Jahr 1933   92

    5.4.2. Die NSDAP
    und die *"Brechung der Zinsknechtschaft"*   95

    5.4.3. Die Antimodernisierungstheorie nach Heinsohn
    oder: Zinshaß als Vorwand für Judenhaß   97

5.5. Was bleibt ? Von der Hartnäckigkeit des
Stereotyps vom bösen jüdischen Wucherer   99

6. Gegenwart: Die (Nicht-) Relevanz der Zinsfrage
für heutige Theologie und Politik   101

7. Zukunftswerkstatt:
Der Markt der zinslosen Möglichkeiten   105

8. (Religions-) Pädagogische Zugangsweisen   119

9. Zusammenfassung und Schlußbetrachtung   123

10. Literatur   125

1. Einleitung
oder: Das *Kaum Vorstellbare* (sich) vorstellen.
Die *Erotik des Geldes* und die Exotik der Zinskritik

Als die renommierte *Stiftung Warentest* vor wenigen Jahren einen Bericht über ökologisch und ethisch orientierte Geldanlage-Möglichkeiten veröffentlichte, stellte sie auch eine Variante vor, bei der man als Sparer zumeist bei Alternativ-Banken ganz oder teilweise auf Zinsen verzichten kann. Nutznießer dieses Zinsverzichtes sind oftmals förderungswürdige Projekte aus dem sozialen oder ökologischen Bereich, die auf diese Weise an zinsgünstige Kredite kommen können. Diese Spar- und Finanzierungsform erschien den Redakteuren so ungewöhnlich, daß sie ihr in ihrer Berichterstattung den Hauch des Exotischen gaben:
Die Sparer

> haben [...] die Wahl, durch freiwilligen Verzicht auf einen Teil oder den gesamten Zinsertrag die Ausgabe zinsgünstiger Kredite zu ermöglichen. In unserer profitorientierten Gesellschaft kaum vorstellbar: Die [...] Sparer machen von diesem Angebot rege Gebrauch. Rund ein Drittel verzichtet ganz, ein weiteres Drittel teilweise auf seine Zinsen und ermöglicht der Bank, Biobauern, Kindertagesstätten und alternative Wohnprojekte mit spottbilligen Krediten zu versorgen.[1]

Ein unbedarfter Leser, der sich noch nie mit der Problematik des Zinsnehmens beschäftigt hat, wird diese auf ihren Zins verzichtenden Sparer sicherlich entweder als unverbesserliche Idealisten ansehen oder sie gar als weltfremde Asketen mit einem Hang zum 'Spinnen' belächeln.

Das *Kaum-Vorstellbare* des Zinsverzichtes trifft schließlich in eine Welt, die oft bis ins Detail in Geld-Kategorien definiert ist und in der sehr häufig nur noch der in Preisen

---

[1]   Stiftung Warentest, Zeitschrift Finanztest, Nr.3, S. 23ff, Berlin 1991.

ausgedrückte Nutzen einer Sache anstelle des Wertes derselben gesehen wird.

Nun soll in der vorliegenden Arbeit nicht einer Verzichtsethik nach dem Munde geredet werden. Ebenso hat der bzw. die interessierte Leser(in) keinen theologischen Rundumschlag gegen die geniale Idee des Tauschmittels Geld zu erwarten.

Zu all' dem besteht zwar phasenweise auch Bedarf, wenn man zum Beispiel an die Beflügelung zur Geldanbetung durch regelmäßig anschwellende Lotto-Jackpots denkt. Auf eine aberwitzige Spitze getrieben, verdeutlichen jene verlockenden Lottomillionen aber eigentlich nur, welche zentrale Bedeutung das Geld in unserem täglichen Leben spielt. Man mag in diesem Zusammenhang mit dem Nachrichtenmagazin DER SPIEGEL über „Die Erotik des Geldes"[2] sinnieren und sich gesellschaftskritisch mit dem „Lebenstraum Reichwerden"[3] auseinandersetzen. Dies täuscht aber eher darüber hinweg, daß es für eine wachsende Zahl von Menschen vielmehr einen ganz realen 'Lebensalptraum Verarmung' gibt. Es ist zu befürchten, daß man von einer „neuen Sozialen Frage"[4] ausgehen muß, die der Qualität der Sozialen Frage des letzten Jahrhunderts in nichts nachsteht. Die Feststellung des SPIEGEL „Ein einziges Mal sechs Richtige tippen – das könnte ganz konkret beim Gewinner die soziale Frage lösen"[5] macht eine lediglich individuelle Wahrnehmung eines brisanten gesellschaftlichen Problems deutlich.

---

[2] SPIEGEL-Titel "Lebenstraum Reichwerden. Die Erotik des Geldes", in: DER SPIEGEL, Nr. 37 vom 12.9.1994, Hamburg.

[3] Ebenda.

[4] Walter Hanesch u.a., Armut in Deutschland. Der Armutsbericht des DGB und des Paritätischen Wohlfahrtsverbands, Reinbek bei Hamburg 1994 und Noormann, Harry, Armut in Deutschland. Christen vor der neuen Sozialen Frage, Stuttgart 1991.

[5] SPIEGEL, a.a.O., S. 103.

Um *Verarmung* und *Verschuldung*, aber auch um *Befreiung* und *Ent-Schuldung* geht es in dieser Studie. Allerdings nicht aus der Perspektive eines Sozialwissenschaftlers oder Politologen, sondern vielmehr aus der Sichtweise der Theologie. Dabei wird der Spezialbereich des Zinsnehmens ins Blickfeld genommen.

Aber wieso gerade das Zinsnehmen? Handelt es sich hierbei nicht um ein nebensächliches, eher ökonomisch orientiertes Thema? Was hat ein solches Thema mit der Theologie zu tun?

Solche kritischen Einwände sind legitim. In der aktuellen theologischen Diskussion hat schließlich die Frage nach der ethisch-sittlichen und religiösen Berechtigung der Zinsnahme, wenn überhaupt, nur einen verschwindend geringen Stellenwert. Um die wenigen Autoren, die sich dennoch mit dem Thema auseinandergesetzt haben, zu nennen, beginne ich meine Ausarbeitung mit einem Kapitel zur Chronologie und zum Stand der theologischen Forschung rund um den Zins.

Die nachvollziehbare Verwunderung über ein solches theologisches Thema spiegelt allerdings nur die noch immer anhaltende, marginale Einschätzung der Zinsnahme in der Jetzt-Zeit wider. Wie lange eine solche Geringschätzung noch durchzuhalten ist, wird sich an der Brisanz und am sozial umverteilenden Charakter des Zinseszins-Effektes ausmachen und erweisen. Allein der rein mathematische Zugang zum Themenbereich Zinsen müßte eigentlich schon deutlich machen, daß Geld dank der Zinseszinsen scheinbar ins Unendliche wachsen kann. Dieses Wachstum geschieht exponentiell, weil die Zinsen tatsächlich wieder mit verzinst werden. Eine gleiche Rechnung läßt sich auf der entsprechenden spiegelbildlichen Seite auch und gerade für die Schulden machen. Gelder, die verzinst werden, stellen gleichzeitig die Schuldenlast anderer dar, weil Zinsen schließlich erwirtschaftet werden müssen und nicht vom Himmel fallen. Verarmung und Bereicherung können angesichts des Zinseszins-Mechanismus nicht getrennt voneinander betrachtet werden.

Die in diesem Sinne soziale Brisanz des Zinsnehmens war Christen und Juden vergangener Jahrhunderte viel bewußter als dies im ausgehenden 20. Jahrhundert der Fall ist. Begründete Antworten mußten gefunden werden, um der Scherenentwicklung zwischen den Besitz anhäufenden und den Besitz mehr und mehr verlierenden gesellschaftlichen Schichten entgegenzuwirken. Franz Xaver Funk beginnt seine vielzitierte „Geschichte des kirchlichen Zinsverbotes" mit den Worten:

> Die christliche Moral enthält wohl kaum einen Punkt, der die Geister
> so lange beschäftigte, wie die Frage nach der Erlaubtheit des Zins-nehmens.[6]

Wo anders als im Alten und im Neuen Testament, also in der Hebräischen Bibel und im Zeugnis über Jesus, mit ihrem reichen Schatz an Erfahrungen und Weisheit ließen sich Antworten finden bzw. Antworten entwickeln auf die Frage nach der Art und Weise des Umgangs mit dem Zinsnehmen. In einem ersten Kapitel werde ich deshalb auf die biblischen Grundlagen in Bezug auf die Zinsfrage eingehen. Dabei wird aufgezeigt, wie zentral dieses Thema im Kontext der wirtschaftsrechtlichen Regelungen der Tora und des Neuen Testaments ist.

Ein geschichtlicher bzw. kirchengeschichtlicher Teil schließt sich daran an und befaßt sich mit der Zeitspanne von

---

[6] Funk, Franz Xaver, Geschichte des kirchlichen Zinsverbotes, Tübingen 1876, S. 1.

der Antike über die Kirchenväter, die Scholastik und das Mittelalter bis hin zu den Reformatoren.

Das Verhältnis der Christen zu den Juden hinsichtlich der Zinsfrage wird in einem eigenen Kapitel untersucht.

Am Ende dieser Ausarbeitungen steht die Frage nach der Relevanz des Zinsthemas in der Gegenwart. Mit dem Stilmittel einer Zukunftswerkstatt der zinslosen Möglichkeiten soll abschließend der Gegenwart ein selbstkritischer Spiegel entgegengehalten werden.

2. Chronologie und Stand der Forschung

Wenn man etwas über den Stand der Forschung zur Thematik des Zinsnehmens erfahren möchte, sollte man zu den Fachartikeln der entsprechenden theologischen Lexika greifen, unter den Stichwörtern „Geld" und „Zins" nachschlagen und dabei insbesondere auf das Datum des Erscheinens der angegebenen Literatur achten.

Eine gute Übersicht über die bisher erschienene Literatur zum Thema, inklusive dieser speziellen Lexika-Artikel, findet sich bei Eckart Müller und Hans Diefenbacher, die eine kommentierte Bibliographie zu Wirtschaft und Ethik herausgegeben haben.[7]

Beim Durchblick dieser relativ vollständigen Literatur-Auflistung fällt auf, daß das Thema Geld und Zinsen für die Theologen der verschiedenen Konfessionen in jüngerer Zeit, wenn überhaupt, nur ein marginales Thema war. Über mehrere Jahrzehnte gibt es sogar gar keine einschlägige Publikationen zur Problematik des Zinsnehmens:

Wenn man in der Chronologie der Veröffentlichungen im letzten Jahrhundert beginnt und dabei Franz Xaver Funks „Geschichte des kirchlichen Zinsverbotes" von 1876 (Tübingen) als Ausgangspunkt nimmt, erscheinen erst in den 20er und beginnenden 30er Jahren unseres Jahrhunderts weitere Werke.

Karl Holl publizierte 1922 über „Die Frage des Zinsnehmens und des Wuchers in der reformierten Kirche"[8].

---

[7] Kapitel „Geld, Zins, Kredit", in: Müller, Eckart u. Diefenbacher, Hans (Hgg.), Wirtschaft und Ethik – Eine kommentierte Bibliographie, Heidelberg 1992, S. 259-265.

[8] Holl, Karl, Die Frage des Zinsnehmens und des Wuchers in der reformierten Kirche, in: Festgabe für K. Müller, Tübingen 1922, S. 178-197. Außerdem abgedruckt in: Gesammelte Aufsätze zur Kirchengeschichte, Bd. III, S. 385-403, Tübingen 1928

1926 folgte eine Arbeit von Eduard Buri mit dem Titel „Christentum und Zins"[9], die als Eingabe an die theologischen Fakultäten der schweizerischen Hochschulen zu einem stark an der Schweiz orientierten Diskurs geführt hat. Beide Autoren haben ihren Schwerpunkt auf die reformierte Kirche gelegt, so daß erst Buris und Schwarz' Arbeit „Der Zins vom Standpunkt der christlichen Ethik, der Moral und der Volkswirtschaft"[10] den Blickwinkel auf das gesamte Christentum hin erweitert.

Diesen Blickwinkel nimmt auch das vielzitierte Werk von Ernst Ramp über „Das Zinsproblem" aus dem Jahre 1949 ein.[11] Ramp untersucht die Frage nach dem Zinsnehmen vor allem aus dem kirchengeschichtlichen Zusammenhang heraus und legt seinen Schwerpunkt auf die Stellung der Reformatoren Luther, Calvin und Zwingli zum Zinswesen.

In den 1950er und 60er Jahren sind dann wieder keine herausragenden Arbeiten zur Thematik zu nennen.

1977 erscheint Eberhard Klingenbergs Ausarbeitung über „Das israelitische Zinsverbot in Torah, Mischnah und Talmud"[12].

Mit dem beginnenden globalen Nord-Süd-Konflikt und der damit verbundenen sozialen Scherenentwicklung zwischen *Arm* und *Reich* rückt das Thema in den 70er Jahren wieder ins Bewußtsein. Angesichts der wachsenden sozialen und ökologischen Probleme kommt es zu einem 'Boom' der

---

[9] Buri, Eduard, Christentum und Zins. Eingabe an die theologischen Fakultäten der schweizerischen Hochschulen und die Antworten der Fakultäten von Basel, Bern und Zürich auf die Frage nach der sittlichen Berechtigung des Zinses, nebst einer weiteren Antwort von Prof. theol. Goetz in Basel und den Repliken des Verfassers der Denkschrift, 11. erweiterte Aufl., Bern 1926.

[10] Buri, Eduard u. Schwarz, Fritz, Der Zins vom Standpunkt der christlichen Ethik, der Moral und der Volkswirtschaft, Bern 1933.

[11] Ramp, Ernst, Das Zinsproblem. Eine historische Untersuchung, Zürich 1949.

[12] Klingenberg, Eberhard, Das israelitische Zinsverbot in Torah, Mischnah und Talmud, Wiesbaden 1977.

Themen rund um die sogenannte Wirtschaftsethik. Das ethisch-religiöse Problem des Zinsnehmens ist dabei zwar oft nur ein kleines Spezialthema am Rande, dennoch beschäftigt sich die Theologie spätestens mit Eintreten der Verschuldungskrise der Entwicklungsländer auch mit der Problematik des Zinses. Stellvertretend für mehrere engagierte Autoren möchte ich hier Ulrich Duchrow nennen, der die globalen Abhängigkeiten mit dem System der Geldverehrung und der Geldvermehrung in einen eindeutigen Zusammenhang stellt.[13]

Bei Duchrow erstaunt und erfrischt die Kontinuität, mit der er sein Thema verfolgt und dazu publiziert[14], wenn man dagegen die nur sporadischen Veröffentlichungen seiner theologischen Kollegen zu den Themen Geld, Zinsen und Wirtschaft betrachtet.

---

[13] Duchrow, Ulrich, Weltwirtschaft heute – ein Feld für bekennende Kirche?, München 1987; ders., Europa im Weltsystem 1492-1992. Gibt es einen Weg der Gerechtigkeit nach 500 Jahren Raub, Unterdrückung und Geldver(m)ehrung?, Beilage zu „Junge Kirche", Heft 9, Bremen 1991; ders., Füllkrug-Weitzel, C. u. Raiser, K. (Hgg.), Geld für wenige oder Leben für alle? Ökumenisches Hearing zum Internationalen Finanzsystem vom 21.-24.8.1988, Berlin und Oberursel 1989.

[14] Zuletzt: Duchrow, Ulrich, Alternativen zur kapitalistischen Weltwirtschaft. Biblische Erinnerung und politische Ansätze zur Überwindung einer lebensbedrohenden Ökonomie, Gütersloh und Mainz 1994.

3. Biblische Grundlagen

Die Bibel äußert sich sehr eindeutig zur Frage des Zinsnehmens: Sie lehnt es angesichts seiner sozialen Brisanz klar ab und spricht ein deutliches Verbot der Zinsnahme aus. Dieses Zinsverbot findet seine Geltung nicht nur in der Hebräischen Bibel bzw. im Alten Testament, sondern auch und gerade im Neuen Testament. An welchen, zum Teil zentralen Stellen das Zinsverbot in der Bibel steht und in welchem sozialgeschichtlichen Kontext es eingebettet ist, davon soll im folgenden die Rede sein.

3.1. Die Rolle der Zinsen im mosaischen Gesetz

3.1.1. Das Wirtschaftsrecht der Tora als Kontext des Zinsverbotes

Die Frage nach der biblischen Einschätzung der Zinsen kann nicht losgelöst vom gesamten Wirtschaftsrecht der Tora betrachtet werden. Erst im Kontext der ganzen mosaischen Gesetzgebung erschließt sich, welch eine zentrale Bedeutung die Frage nach dem Zinsnehmen für das wirtschaftliche und soziale Leben der Menschen hat.

In diesem Gesamtzusammenhang spielen die Zinsen eine herausragende, aber dennoch nicht die einzige Rolle.

Worum geht es also der Hebräischen Bibel, wenn sie sich mit den Themen des Wirtschaftens beschäftigt?

Die Antwort auf diese Frage mag zwar banal klingen, angesichts der erfahrbaren harten Realitäten ist sie aber bis auf den heutigen Tag ein Stachel in unserem Fleisch: Menschen wirtschaften, um sich ernähren zu können, sich zu kleiden, zu wohnen und insgesamt ein Leben in Würde und Freiheit zu führen. Diese Grundbedürfnisse müßten selbstverständlich sein, sind es aber aus verschiedenen Gründen oftmals nicht. Immerhin ermöglichen diese Grundbedürfnisse einen kleinsten gemeinsamen Nenner bei der – auch historischen – Vergleichbarkeit verschiedener Gesellschaften in wirtschaftlicher Hinsicht.[15]

Die Möglichkeit zur Befriedigung der Grundbedürfnisse und zur Befreiung aus ungerechten und zerstörerischen Abhängigkeiten ist dann auch der rote Faden, der sich durch die biblischen Texte zieht. Dabei müssen natürlich immer der sozio-ökonomische und der historische Zusammenhang im Detail betrachtet werden.

Eine detaillierte und gleichzeitig überschaubare Darstellung zum Wirtschaftsrecht der Tora findet sich bei Rainer Kessler.[16] Ausgehend vom Umbruch im 8. Jahrhundert v. Chr., bei dem im alten Israel eine „Transformation von einer relativ egalitären zu einer in Klassen gespaltenen Gesellschaft"[17] stattfand, benennt Kessler die Gefährdung der freien Bauernschaft als Ganzes als das entscheidende Problem dieser Zeit.[18]

Durch die Klassenbildung kommt es zur Anhäufung von Besitz in immer weniger Händen, verbunden mit Verschuldung und Versklavung in Schuldknechtschaft.

Diese wirtschaftlich unhaltbare Situation läßt die Propheten *Amos*, *Micha* und *Jesaja* mit ihrer schneidenden Sozialkritik auf den Plan treten.

---

[15] Vgl. Duchrow, Ulrich, Alternativen zur kapitalistischen Weltwirtschaft. Biblische Erinnerung und politische Ansätze zur Überwindung einer lebensbedrohenden Ökonomie, Gütersloh und Mainz 1994, S. 118.

[16] Kessler, Rainer, Das Wirtschaftsrecht der Tora, in: Füssel, Kuno u. Segbers, Franz (Hgg.), „... so lernen die Völker des Erdkreises Gerechtigkeit". Ein Arbeitsbuch zu Bibel und Ökonomie, Luzern und Salzburg 1995, S. 78ff.

[17] Ebenda, S. 78.

[18] Vgl. Kessler, Rainer, Staat und Gesellschaft im vorexilischen Juda. Vom 8. Jahrhundert bis zum Exil, Leiden u.a. 1992.

Die Sozialkritik der Propheten des 8. Jahrhunderts zeigt, daß in ihren Tagen die Krise ein solches Ausmaß angenommen hat, daß sie die Gesellschaft in ihren Grundfesten erschüttert. Ließe man die Dinge laufen, wie sie jetzt laufen – so kündigen es ihre Zukunftsaussagen an – , dann würde das zur von Gott gewirkten Katastrophe des Gemeinwesens führen.[19]

Durch rechtliche Festlegungen wird versucht, der drohenden Krise Einhalt zu gebieten: Das Wirtschaftsrecht der Tora wird formuliert.

Allerdings entsteht das Wirtschaftsrecht der Tora nicht in einem Zug. Was jetzt in den fünf Mosebüchern an Wirtschafts- und Sozialgesetzen – und natürlich allen anderen, wie kultischen, familienrechtlichen, staatsrechtlichen u.a. Gesetzen – zusammengefaßt ist, ist vielmehr Ergebnis eines mehrere Jahrhunderte umfassenden Entstehungsprozesses. Nur seine wichtigsten Etappen seien kurz notiert. Am Ende des 8. Jahrhunderts entsteht das sogenannte Bundesbuch (Ex 20, 22-23, 33), das wahrscheinlich schon auf eine etwas ältere Sammlung von Rechtssätzen überwiegend sozial- und wirtschaftsrechtlichen Inhalts (Ex 21, 1-22, 19) zurückgreifen kann. Das deuteronomische Gesetz (Dtn 12-26) führt im 7. Jahrhundert die gesetzgeberische Arbeit des Bundesbuches fort und setzt zugleich deutliche Reformakzente. Während der exilischen und frühnachexilischen Zeit im 6. und 5. Jahrhundert entstehen dann noch die sogenannten priesterschriftlichen Gesetze, die sich in den Büchern Exodus bis Numeri – konzentriert in Levitikus – finden. Dieses Material wird schließlich im 5. Jahrhundert mit vielen anderen Materialien, v.a. den erzählenden Texten, zum Pentateuch zusammengefaßt und durch persische Reichsautorisation als die Tora zur verbindlichen Richtschnur des nachexilischen Judentums.[20]

Eine ausführliche Darstellung dieses hier nur skizzierten Entstehungsprozesses findet sich bei Frank Crüsemann.[21]

---

[19] Kessler, Rainer, Das Wirtschaftsrecht der Tora, a.a.O., S. 79.
[20] Ebenda, S. 79f.
[21] Crüsemann, Frank, Die Tora. Theologie und Sozialgeschichte des alttestamentlichen Gesetzes, München 1992.

3.1.2. Die einzelnen Elemente des Wirtschaftsrechts in der Tora

Entscheidend sind für unser Thema nun die einzelnen Elemente des Wirtschaftsrechts der Tora. Kessler differenziert in

- Gesetze zur Vorbeugung gegen die Verelendung[22],
- Gesetze zum Schutz der sozial Schwächeren[23] und
- Gesetze zur Regulierung der Gesellschaft.[24]

Das Verbot der Zinsnahme ist eingebettet in die vorbeugenden Gesetze, wie unten näher ausgeführt wird. Eng verbunden damit und ebenfalls als Vorbeugemaßnahme gegen Verelendung gedacht, sind die Beschränkungen bei der *Pfandnahme*. Als Sicherheit für ein Darlehen hat der Leihende nicht nur (die später verbotenen) Zinsen, sondern ebenso auch Pfänder zu geben. Handelt es sich um einen Gegenstand, der für den Lebensunterhalt und das Überleben des Leihenden entscheidend ist, kann ein abzugebendes Pfand relativ leicht zu einer Gefahr für die Rückzahlbarkeit des Darlehens führen. Mit drei Maßnahmen versucht deshalb die Tora, eine sinnvolle und notwendige Beschränkung der Pfandnahme zu installieren:

1. *Das Pfand muß bis Sonnenuntergang zurückgegeben werden (Ex 22, 25f; Dtn 24, 12f.). Dabei ist konkret an den 'Mantel' gedacht, jenes deckenartige Kleidungsstück, das in den Nächten Palästinas zugleich als Schutz gegen die Kälte gebraucht wird.*
2. *Der Gläubiger darf zum Zweck der Pfandnahme nicht das Haus des Schuldners betreten, sondern muß draußen warten und das als Pfand annehmen, was der Schuldner ihm*

---

[22] Kessler, Rainer, Das Wirtschaftsrecht der Tora, a.a.O., S. 80.
[23] Ebenda, S. 83.
[24] Ebenda, S. 86.

herausbringt (Dtn 24, 10f.). Damit hat es der Schuldner selbst in der Hand, nur solche Gegenstände als Pfand zu geben, die er nicht lebensnotwendig braucht.

3. Bestimmte Gegenstände werden von vorneherein als Pfand ausgeschlossen, nämlich Handmühle oder auch nur oberer Mühlstein (Dtn 24, 6) und das Kleid der Witwe (Dtn 24, 17).[25]

Korrekte Maße und Gewichte sind eine weitere Maßnahme zur Vorbeugung von Verelendung. Mit den Bestimmungen aus Dtn 25, 13-15 ist es verboten, 'mit zweierlei Maß' (also zweierlei Gewichtssteinen) zu messen. Auf diese Weise wird nicht nur Betrug verhindert, sondern auch, daß Zinsen praktisch auf dem Wege des bewußten Falschmessens erschlichen werden können.

Da vorbeugende Regelungen wenig nutzen, wenn die eigentlich zu verhindernde Situation dennoch eingetreten ist, muß es Gesetze zum Schutz derjenigen geben, die als sozial Schwächere (z.B. als Tagelöhner oder als Schuldsklaven der Gläubiger) gefährdet sind.

Kessler zählt zu den Schutzmaßnahmen für die sozial Schwachen das Sabbatgebot, das Auslieferungsverbot für geflüchtete Sklaven, die Ausbezahlung des Lohns noch am Tag der verrichteten Arbeit sowie das Almosenwesen:

[...] Das Halten des Sabbats – zusammen mit der Beschneidung und den Speisegeboten – wird ab der nachexilischen Zeit zum eigentlichen identitätsstiftenden Symbol des Judentums.[26]

Mit den Sabbat-Bestimmungen aus Ex 23, 12 und Dtn 5, 12-15 wird in einer „Vorwegnahme des Friedens und der Ruhe der messianischen Zeit"[27] nicht nur der freie, sondern auch der in Sklavendienst stehende Israelit angesprochen.

---

[25] Ebenda, S. 82.
[26] Ebenda, S. 83.
[27] Ebenda.

Dtn 5, 15 erinnert dabei bewußt an die Befreiungstat Jahwes am Volk Israel:

> Und du sollst gedenken, daß du Sklave gewesen bist im Lande Ägypten und der Herr, dein Gott, dich von dort herausgeführt hat mit starker Hand und ausgestrecktem Arm. Deshalb hat der Herr, dein Gott, dir befohlen, den Sabbattag zu halten *(V 15)*. *Israel als das Volk der von Gott befreiten Sklaven soll die faktisch bestehende Sklaverei so gestalten, daß auch die in Schuldknechtschaft geratenen Landsleute nicht aus den Segnungen Gottes herausfallen.*[28]

Flüchtende Schuldsklaven werden unter den Schutz von Dtn 23, 16f. gestellt. Sie sollen ein Bleiberecht bei demjenigen genießen, zu dem sie sich aus rauher Hand flüchten. Laut Kessler handelt es sich um eine „im gesamten antiken Sklavenrecht einmalige Bestimmung"[29].

Zum Schutz der Tagelöhner hat die Lohnauszahlung in Anlehnung an Dtn 24,14f. noch am selben Tage stattzufinden, wobei hier neben dem israelitischen Tagelöhner auch der *Fremdling* in diese vor Betrug schützende Regelung aufgenommen wird.

Um diejenigen materiell abzusichern, die durch das soziale Raster gefallen sind, wird das Almosenwesen begründet. Neben den Fremdlingen bzw. Flüchtlingen und Obdachlosen sind vor allem die Witwen und ihre Kinder diejenigen, die auf Almosen angewiesen sind.[30]

Die im Deutschen oft mit dem Begriff *Almosen* assoziierte Demütigung durch Almosen ist im Hebräischen laut Kessler nicht gemeint:

---

[28] Ebenda, S. 84.
[29] Ebenda.
[30] Eine detaillierte Darstellung der sozialen Situation der Witwen findet sich bei Willy Schottroff, Die Armut der Witwen, in: Crüsemann, Marlene u. Schottroff, Willy (Hgg.), Schuld und Schulden. Biblische Traditionen in gegenwärtigen Konflikten, München 1992.

Denn auf hebräisch heißt es die Gerechtigkeit tun. Der Empfänger der Gabe soll nicht gedemütigt, sondern ihm soll sein Grundrecht auf Leben materiell gesichert werden.[31]

Die Regelungen zum Almosenwesen räumen u. a. das Recht zur Nachlese auf abgeernteten Feldern ein (Lev 19, 9f; 23, 22; Dtn 24, 19-22).

Die Gesetze zur Regulierung der Gesellschaft sind für den Kontext der Verschuldung, u. a. durch Darlehnsaufnahme auf Zinsen, besonders interessant. Mit der Regulierung der Gesellschaft ist hauptsächlich die Stabilisierung der gefährdeten sozialen Verhältnisse gemeint. Im 5. Buch Mose (Dtn 15, 1f.) wird ein allgemeiner Schuldenerlaß alle sieben Jahre festgelegt. Diese periodische Entschuldung ist neu und wird für das Wirtschaftsrecht der Tora spezifisch. Aber diese Regelung hat nicht nur Vorteile, denn die potentiellen Verleiher werden weniger verleihfreudig, je näher ein Erlaßjahr rückt.

Die zeitliche Befristung der Schuldsklaverei auf sechs Jahre wird in Ex 21, 2-6 und Dtn 15, 12-18 festgelegt. Ein lebenswichtiges, kostenloses Startkapital für die von der Sklaverei Befreiten wird erst mit Dtn 15, 13f. vorgesehen.

Als weitere gesellschaftliche Regulierungen werden das *Erlaß-* bzw. *Jobeljahr* und die *Löserinstitution* installiert. Das Jobeljahr

ist das sieben mal siebte Jahr, also das fünfzigste Jahr. In ihm soll jeder zu seinem Besitz und jeder zu seiner Sippe zurückkehren. (Lev 25, 10).[32]

Das Jobeljahr befristet zwar einerseits die Verkäuflichkeit von Grund und Boden, aber es verlängert die der Schuldsklaverei ähnlichen Abhängigkeiten um das

---

[31] Kessler, Rainer, Das Wirtschaftsrecht der Tora, a.a.O., S. 86.
[32] Ebenda, S. 88.

Siebenfache. Laut Kessler „wird das vorliegende Problem so gelöst, daß nur das siebenjährliche Erlaßjahr, nicht aber das sieben mal siebenjährliche Jobeljahr eine praktische Rolle spielt"[33].

Mit der Löserinstitution aus Lev 25,25 und 25,47-49 rückt die Rolle der Großfamilie bzw. Sippe in das Blickfeld der Entschuldung. Im Sinne des *Freikaufens* soll ein Mitglied der Familie „das verkaufte Grundstück eines Verwandten zurückkaufen (V 25) oder diesen selbst, wenn er bei einem Nichtisraeliten in Schuldknechtschaft geraten ist, frei [...] kaufen (V 47-49)"[34]. *Befreiung* von Abhängigkeiten ist allerdings nicht individuell orientiert gemeint:

> *Ausgangspunkt des Denkens ist der Grund und Boden und die Sippe und nicht das Individuum. [...] Ohnehin ist für das altisraelitische Denken davon auszugehen, daß es die moderne Vorstellung von einer abstrakten individuellen Freiheit nicht kennt, sondern das, was wir als Freiheit bezeichnen, nur in der Einbindung in eine größere Gruppe – hier die Sippe – vorstellen kann.*[35]

Natürlich muß sehr genau differenziert werden, inwiefern die obengenannten Postulate mit der jeweiligen sozialen Wirklichkeit übereinstimmen. Die sozialkritische Erinnerung der Propheten wie *Jeremia* und *Ezechiel* an das Wirtschaftsrecht der Tora, das ihnen bereits (Ende des 7. Jahrhunderts) in erheblichen Teilen vorlag[36], macht gerade diese Diskrepanz deutlich. Neben die persönliche Entscheidung für die Gerechtigkeit der Tora tritt laut Kessler

---

[33] Ebenda.
[34] Ebenda.
[35] Kessler, Rainer, Zur israelitischen Löserinstitution, in: Crüsemann, Marlene. u. Schottroff, Wily (Hgg.), Schuld und Schulden. Biblische Traditionen in gegenwärtigen Konflikten, a.a.O., S. 48f.
[36] Vgl. Kessler, R., 1995, S. 89.

die beispielhaft an Neh 10 verdeutlichte freiwillige Selbstverpflichtung aller gesellschaftlich relevanten Gruppen.

Aber es ist nicht die Verbindlichkeit eines königlichen Erlasses, sondern die einer selbst übernommenen Verpflichtung.[37]

Diese selbst übernommene Verpflichtung wird den rechtlichen Rahmen der Israeliten im Umgang mit den entscheidenden wirtschaftsrechtlichen Fragen und ihre daraus resultierende soziale Wirklichkeit prägen.

3.1.3. Das Zinsverbot als Vorbeugung gegen die Verelendung

Nachdem der Kontext des mosaischen Wirtschaftsrechts in seinen einzelnen Elementen dargestellt wurde, können erst jetzt die Bibelstellen zum Zinsverbot in diesem Gesamtzusammenhang verstanden werden.

Die wirtschaftsrechtlichen Gesetze zielen ausnahmslos darauf, Strategien gegen Verarmung und Verelendung aufzuzeigen. So verwundert es nicht, daß die Regelungen zum Jobeljahr aus Lev 25,10 ähnliche Intentionen wie das Verbot der Zinsnahme vom verarmenden Bruder (Lev 25, 35-38) verfolgen. Die Textstelle lautet:

Wenn dein Bruder neben dir verarmt und nicht mehr bestehen kann, so sollst du dich seiner annehmen wie eines Fremdlings oder Beisassen, daß er neben dir leben könne; und du sollst nicht Zinsen von ihm nehmen noch Aufschlag, sondern sollst dich vor deinem Gott fürchten, daß dein Bruder neben dir leben könne. Denn du sollst ihm dein Geld nicht auf Zinsen leihen noch Speise geben gegen Aufschlag. Ich bin JHWH, euer Gott, der euch aus Ägyptenland geführt hat, um euch das Land Kanaan zu geben und euer Gott zu sein.

---

[37] Ebenda, S. 91.

Es fällt auf, daß das Zinsverbot ohne einen widersprüchlichen oder abweichenden Inhalt an drei Stellen der Tora genannt wird. Neben der eben zitierten Stelle sind dies Ex 22, 24 und Dtn 23, 20f.

Ex 22, 24:

Wenn Du Geld verleihst an einen aus meinem Volk, an einen Armen neben dir, so sollst du an ihm nicht wie ein Wucherer handeln; du sollst keinerlei Zinsen von ihm nehmen.

Dtn 23, 20f:

Du sollst von deinem Bruder nicht Zinsen nehmen, weder mit Geld noch mit Speise, noch mit allem, womit man wuchern kann. Von den Fremden magst du Zinsen nehmen, aber nicht von deinem Bruder, auf daß dich der Herr, dein Gott, segne in allem, was du vornimmst in dem Lande, dahin du kommst, es einzunehmen.

Mehrere Elemente dieser drei Textstellen sind markant:

Es geht in allen drei Texten um die Realität, daß Mitmenschen in eine Notsituation geraten. Gemeint ist aber nicht irgendwer, sondern ganz konkret der *Bruder* neben einem oder, umfassender formuliert in Ex 22, 24, jemand aus dem eigenen Volk, dem Volke Jahwes. Diesem verarmenden Bruder ist schlicht Hilfe zu leisten. Begründet wird dies nicht etwa mit einem eindringlichen Hinweis, daß es dem Hörer des Textes schließlich 'auch mal schlecht gehen könne', er dann ebenfalls Hilfe erwartet und er schon aus diesem eher egoistischem Grunde einzuspringen habe, sondern vielmehr mit der Darstellung der Not des Bruders, der die Hilfe benötigt, *daß er neben dir leben könne* (Lev 25, 35).

Angesprochen ist also zum einen die Solidarität. Diese Solidarität soll innerhalb der Gemeinschaft der Israeliten gelten. Für Fremde kann laut Dtn 23,20f. das Nehmen von Zinsen erlaubt sein, für Angehörige des Volkes Gottes aber nicht. Aus der Differenzierung zwischen Mitgliedern der eigenen Gemeinschaft und den Fremden könnte auch etwas über Art und Umfang der (zinslosen) Hilfe ausgesagt sein:

> *Es geht um das Überleben, vielleicht auch – das deutet die Verbindung mit dem Fremden und Beisassen an – an eine bestimmte Art von Leben[38] in Würde, das über das Existenzminimum hinausgeht.*

Die eingeforderte Solidarität unter den Israeliten steht aber nicht ohne Begründungszusammenhang, sozusagen im geschichts- und luftleeren Raum da. Stattdessen bringt Lev 25, 35-38 die Exodus-Tat Gottes, das Herausführen der Israeliten aus Ägypten, in eindeutige Erinnerung. So wie Jahwe sein Volk aus der Gefangenschaft geführt hat, so soll es auch dem Israeliten wegweisende Verpflichtung sein, dem verarmenden Bruder dabei zu helfen, sich von seiner jetzigen Notsituation zu befreien.

Solidarität zum Überleben wird hier stark mit dem Begriff der *Freiheit* und *Be-Freiung* in Verbindung gebracht und gedacht. Israel soll sich an die Heilstat Gottes erinnern, um sich nicht zu schnell abzuwenden von der gegenwärtigen, real erfahrbaren sozialen Unfreiheit des Bruders. Kegler spricht in diesem Zusammenhang von *Urbild* und *Abbild*:

> *Soziales, helfendes Verhalten der Menschen untereinander wird mit dem helfenden Handeln Gottes an seinem Volk begründet (Urbild - Abbild).[39]*

Wenn man in diesem Stil der gegenüber bzw. gegeneinander zu stellenden Begriffspaare noch einmal die drei Textstellen hin liest und durchdenkt, finden sich folgende zentrale Begriffe:

- **Not versus Leben**

---

[38] Kegler, Jürgen, Das Zinsverbot in der hebräischen Bibel, in: Crüsemann Marlene u. Schottroff, Willy (Hgg.), Schuld und Schulden, a.a.O., S. 30.
[39] Ebenda, S. 30.

(Frage: Wie ist ein Über-Leben ohne Verelendung möglich?)

- **Bruder versus Bruder**
(Frage: Wie gestaltet sich das Zusammenleben innerhalb des israelitischen Volkes auf sozio-ökonomischen Gebiet?)
- **Jahwes Volk versus Fremde**
(Frage: Was sagt das 'Außenverhältnis' Israels über das innere Leben der israelitischen Gesellschaft aus und umgekehrt?)
  - **Solidarität versus Bereicherung durch Zinsen**
(Frage: Welchen Weg soll man angesichts von Notsituationen einschlagen?)
- **Erinnerung an Gottes Heilstat versus Geschichtslosigkeit**
(Frage: Welchen Weg hat Jahwe zur Be-Freiung seines Volkes eingeschlagen?)

Damit werden in der Formulierung des Zinsverbotes zentral wichtige Fragestellungen im Beziehungsgeflecht der handelnden Personen Israels aufgeworfen, aber auch beantwortend aufgezeigt.

Abschließend sei noch einmal an eine weitere Konfliktlinie erinnert: Nämlich an diejenige zwischen postuliertem Recht und sozialer Verwirklichung dieses Rechts, wie wir sie schon bei den anderen wirtschaftsrechtlichen Elementen der Tora neben dem Zinsverbot gesehen haben.

Die Umsetzung des Verzichts auf die Zinsnahme aus dem Gesetz des Mose wurde zwar untermauert durch die Aussagen in Psalm 15:

Herr, wer darf weilen in deinem Zelt?
Wer darf wohnen auf deinem heiligen Berge?
Wer untadelig lebt und tut, was recht ist, [...]
wer sein Geld nicht auf Wucher gibt.

Dennoch verdeutlicht das lebensweisheitliche Sprichwort

Wer sein Gut mehrt mit Zinsen und Aufschlag, der sammelt es für den, der sich der Armen erbarmt. (Spr 28, 8)

die Umstrittenheit des Zinsverbotes innerhalb der Volksweisheit. Die Logik und „die Sicht der Besitzenden"[40], die in diesem Spruch zum Ausdruck kommt, veranlaßt Jürgen Kegler sogar, hier von der

biblische(n) Kernstelle für die Ideologie der sog. sozialen Marktwirtschaft, [...] aus der Mischung von Egoismus und Verantwortung[41]

zu sprechen.

Die Verwirklichung des Zinsverbotes wird m. E. durch dieses volksweisheitliche Sprichwort nur zum Teil gefährdet, denn: So scheinbar lebensklug die in dem Spruch eingegangene Verbindung zwischen Reichtum und Verantwortung für die Armen auch klingt, so durchschaubar ist, daß hier das Wissen, daß Zinsnahme unrecht ist, durchaus vorhanden ist, aber sozial verklärt wird. Das Nehmen von Zinsen wird also auch innerhalb der Volksweisheit als so brisant eingestuft und ist so bewußt, daß man es nur mit Hilfe eines 'sozialen Deckmäntelchens' zu entschärfen versuchen kann.

Die scharfen Worte des Propheten Ezechiels, der zeitlich nah an die Wirkungszeit der Autoren von Lev 25

---

[40] Ebenda, S. 33.
[41] Ebenda.

heranreichte[42], klagen demnach ausdrücklich die Einhaltung des mosaischen Zinsverbotes ein:

(Wer) auf Wucher gibt, Zins nimmt: sollte der leben ? Er soll nicht leben, sondern, weil er solche Greuel alle getan hat, soll er des Todes sterben; sein Blut soll auf ihm sein. (Ez 18, 13)

Die in Ez 18, 5-18 aufgelisteten Anforderungen an ein Verhalten, das sich der Gerechtigkeit und dem Gehorsam gegenüber Jahwe verpflichtet weiß, rücken das Zinsverbot ins Zentrum der Sozialkritik Ezechiels.

Der hohe Stellenwert, der für Ezechiel das Zins- und Aufschlagsverbot einnimmt, zeigt, daß er es nicht nur unter dem sozialpolitischen Aspekt der Minimierung von Verelendung, sondern als theologisch zentrales Element der Verwirklichung von Gerechtigkeit sieht. In ihm realisiert sich die Forderung Gottes nach Gerechtigkeit in der Welt.[43]

3.2. Die Einschätzung der Zinsen im Neuen Testament

Das Wirtschaftsrecht der Tora behält seine Gültigkeit natürlich auch zur Zeit Jesu. „Nicht ein einziges Jota" soll vom Gesetz gestrichen werden, spricht Jesus laut Mt 5, 17f.:

Ihr sollt nicht wähnen, daß ich gekommen bin, das Gesetz oder die Propheten aufzulösen; ich bin nicht gekommen aufzulösen, sondern zu erfüllen. Denn ich sage euch wahrlich: Bis daß Himmel und Erde vergehe, wird nicht vergehen der kleinste Buchstabe noch ein Tüpfelchen vom Gesetz, bis daß es alles geschehe.

Jesus und die spätere Jesusbewegung verstehen sich ganz selbstverständlich als Teil des Judentums, so daß eine Abkehr von der Gesetzgebung der Tora undenkbar erscheint.

---

[42] Ebenda, S. 35.
[43] Ebenda, S. 37.

Demgegenüber mag irritieren, daß für das Wirtschaftsrecht der Tora so zentrale Dinge wie das Zinsverbot, die Freilassung von Schuldsklaven oder die Löserinstitution nicht erwähnt werden, obwohl in Jesu Gleichnissen ja viel von Schulden, Zinsen und Sklaven die Rede ist. Doch hier täuscht der erste Blick. Denn die Gleichnisse stellen ja keine Vorbilder vor Augen, sondern nehmen ihre Bilder aus der Realität, die von zunehmender Verschärfung der sozialen Gegensätze gekennzeichnet ist. Und daß Grundforderungen der Tora nicht wiederholt werden, muß nicht daran liegen, daß sie für die Jesusbewegung keine Geltung hätten, sondern kann umgekehrt daran liegen, daß sie ganz selbstverständlich gelten und deshalb eben nicht wiederholt werden müssen.[44]

Bezogen auf das Verbot der Zinsnahme rücken dennoch drei neutestamentliche Texte in den Vordergrund:

- Zum einen die Bitte um die Vergebung der Schuld(en) im Vaterunser (Mt 6, 12),
- dann die im Kontext der Feindesliebe ausgesprochene Aufforderung, zu leihen, ohne etwas zurückzuerwarten (Lk 6, 34f.)
- sowie die Gleichniserzählung von den anvertrauten Pfunden (Mt 25, 27; Lk 19, 23).

Ohne etwas vorwegzunehmen, sei darauf verwiesen, daß dabei besonders die verschiedenen Auslegungen des oft mißverstandenen Gleichnisses von den anvertrauten Pfunden bzw. Talenten spannend sein werden.

Bevor diese drei Texte nun näher beleuchtet werden, soll aber erst die Rede von der wirtschaftlichen und sozialen Situation zur Zeit Jesu sein.

---

[44] Kessler, Rainer, Das Wirtschaftsrecht der Tora, a.a.O., S. 93.

3.2.1. Die sozio-ökonomische Situation zur Zeit Jesu

Die Frage nach der sozio-ökonomischen Lage zur Zeit Jesu wird besonders von den sozialgeschichtlich orientierten Theologen und Historikern untersucht.[45] Um den Rahmen der vorliegenden Arbeit nicht zu sprengen, soll an dieser Stelle lediglich eine grobe Skizze der gesellschaftlichen und wirtschaftlichen Verhältnisse zur Lebenszeit Jesu erfolgen.

Beim gesellschaftlichen Aufbau Palästinas muß man unterscheiden zwischen der Stellung der Menschen einerseits in Bezug auf ihre *ökonomische Erwerbsarbeit* und andererseits in Bezug auf ihre *religiöse Zugehörigkeit und Einstufung*.

> *Die Komplexität des Sozialgefüges Palästinas ergibt sich [...] daraus, daß [...] das 'Klassen'-System überlagert wird von einem 'Kasten'-System, das sich durch ethnische Zugehörigkeit und Reinheitsvorschriften definiert.*[46]

Im System der Klassen sind die verschiedenen Berufe und Einkunftsquellen zu nennen: Zu unterscheiden ist zwischen *Besitzenden an Land* (Großgrundbesitzer und/bzw. versus Kleinbauern) und *Pächtern*. Davon abzugrenzen sind dann die *Tagelöhner*, die von Arbeitsaufträgen anderer abhängig waren. Neben der Landwirtschaft spielten das *Handwerk* und der *Handel* eine wichtige Rolle in der Ökonomie Palästinas. Auch in diesen wirtschaftlichen Sektoren lassen sich verschieden ausgestaltete und dimensionierte Berufe ausmachen.

---

[45] Eine relativ umfassende Auflistung entsprechender sozialgeschichtlicher Publikationen findet sich bei Ernst, Michael, Die sozioökonomischen Verhältnisse in Palästina zur Zeit Jesu, in: Füssel, Kuno u. Segbers, Franz. (Hgg.), 1995, a.a.O., S. 76f.

[46] Ernst, Michael, a.a.O., S. 64.

Auf der untersten Stufe der Gesellschaft treffen wir schließlich, wie auch heute, die aus dem Produktionsprozeß Ausgeschiedenen: Kranke, Arbeitslose, Bettler. Sie vegetieren meist in bitterer Armut dahin, falls sie es nicht geschafft hatten, 'auszusteigen' und z.B. als 'Straßenräuber' oder Widerstandskämpfer gegen die römische Besatzungsmacht (Zeloten) sich ihren Lebensunterhalt zu sichern.[47]

In scheinbarer Unabängigkeit zum Bereich der Ökonomie, aber in enger Korrespondenz zu diesem, stellt sich das System der Kasten dar. Es differenziert sich folgendermaßen:

Die erste Kaste umfaßte die Israeliten mit 'reiner', legitimer standesgemäßer Abstammung und bildete zusammen mit dem Klerus (Priester und Leviten) das 'reine' Israel.
Die zweite Kaste enthielt eine Reihe von Abstufungen nach dem Kriterium von 'rein/unrein,' illegitime Priesternachkommen, Leute mit verachteten Berufen (z.B. Hirten oder Gerber), Proselyten [=neu bekehrte, ehemalige Andersgläubige, A.S.] *und bekehrte heidnische Sklaven, die freigelassen worden waren. Da sie nur mit einem 'leichten Makel' behaftet sind, durften sie Israeliten reiner Abstammung und Leviten* [also Tempeldiener, A.S] *(nicht aber Priester!) heiraten und konnten so sozial aufsteigen.*
Die dritte Kaste wurde gebildet von den Leuten, auf deren Geburt ein 'schwerer Makel' haftete: Bastarde, Tempelsklaven, Vaterlose und Findlinge sowie heidnische Sklaven. Ihnen war auch die Heirat mit Leviten, Israeliten reiner Abstammung und illegitimen Priesternachkommen untersagt; sie hatten keinerlei Ansprüche außer dem abgrundtiefer Verachtung: Sie waren der 'Auswurf der Gemeinde'.[48]

Es überrascht nicht, daß Klassen- und Kastengefüge fast Spiegelbilder voneinander sind.

Das Kastensystem verstärkt das Klassensystem, ja es verleiht ihm eine höhere Weihe. Es übt also selber wieder eine soziopolitische Funktion ersten Ranges aus, indem es die ökonomische Grundlage der Klassenherrschaft verschleiern hilft

---

[47] Ebenda, S. 64.
[48] Ebenda, S. 64 u. 66.

und soziale Gegensätze als 'natürliche', d.h. durch Tradition gerechtfertigte Unterschiede ausweist.[49]

Die hierarchische Einordnung bestimmter Berufsgruppen erleichtert das Verständnis der Gleichnisse und des Verhaltens Jesu. Mit der Nennung eines Berufes in einem Gleichnis wird deren (oft von Jesus in Frage gestellte) Gering- bzw. Hochschätzung immer mit ausgedrückt. Auch die biblische Schilderung des Verhaltens Jesu geht auf die soziale Rolle der jeweiligen Menschen neben Jesus ein: Wenn er z.B. den Zöllner Zachäus (vgl. Lk 19, 2-10) besucht, kommt dies einem religiösen und gesellschaftlichen Skandal gleich. *Da sie das sahen, murrten sie alle und sprachen: Bei einem Sünder ist er eingekehrt* (Lk 19, 7). Daß Jesus bei diesem gesellschaftlich verachteten Menschen einerseits einkehrt und ihn andererseits zur Änderung seines Verhaltens bringen kann, wird uns noch später bei der Frage nach dem Kontext des Gleichnisses von den anvertrauten Pfunden (Lk 19, 11-28) beschäftigen.

Für die Fragestellung der Zinsnahme im Neuen Testament ist natürlich zu untersuchen, welche gesellschaftlichen Gruppen überhaupt in der Lage waren, aus Überschüssen heraus Darlehen zu geben bzw. wer potentiell auf Darlehen angewiesen war.

Als Darlehensgeber kommen im landwirtschaftlichen Sektor vor allem die Großgrundbesitzer in Frage. Sie haben die Möglichkeit, aus ihren Besitzungen überschüssige Kapitalien zu bilden und als Darlehen einzusetzen. Es liegt fast in der 'Natur der Sache', daß die Kleinbauern viel stärker von Dürren und Ertragsausfällen betroffen waren und damit zu potentiellen Darlehensnehmern wurden. Der

---

[49] Füssel, Kuno, Drei Tage mit Jesus im Tempel. Einführung in die materialistische Lektüre der Bibel, Münster 1987, S. 34.

Verschuldungsprozeß konnte sogar zum Zerreißen der familiären Strukturen führen. Die drohende Weggabe der Kinder in die Schuldknechtschaft ist zum Beispiel bei Mt 18, 25 belegt.

Abschließend sei auf die zentrale Rolle der Steuern und Abgaben bei der Einschätzung der Verarmungsprozesse in Palästina zur Zeit Jesu verwiesen. Die zum Teil massive Höhe der Steuerforderungen, wie sie z.B. Michael Ernst auflistet[50], stellten eine wichtige Ursache der Verelendung der Zeitgenossen Jesu dar.

> *Addiert man die [...] aufgeführten Abgaben- und Steuerverpflichtungen, dann braucht sich niemand mehr über den massenhaften Verarmungs- und Verelendungsprozeß, das Entstehen eines lokalen Subproletariats und das Auftreten sogenannter Räuberbanden mehr zu wundern – Phänomene, die gerade zur Zeit Jesu neue Größenordnungen annehmen.[51]*

In einem sozio-ökonomischen Umfeld, in dem Verelendung ganz real zu erfahren war, rückt die Frage nach Gegenstrategien ins Zentrum des Interesses. Die Bitte des Vaterunsers nach der Vergebung der Schuld, *wie wir vergeben unseren Schuldigern* (Mt 6, 12) kann in diesem geschilderten wirtschaftlichen Kontext deshalb nicht nur als folgenlose Floskel gemeint sein.

3.2.2. Das Vaterunser ökonomisch gesehen

Daß die Vaterunserbitte nach der Vergebung der Schuld *wie auch wir vergeben unsern Schuldigern* nach Mt 6, 12 heute fast durchgängig nicht in einem ökonomischen Sinne gesehen

---

[50] Ernst, Michael, a.a.O., S. 67f.
[51] Füssel, Kuno, 1987, a.a.O., S. 36.

und verstanden wird, widerspricht der biblischen Aussage und Tradition.

Unser heutiges Sprechen dieser Bitte des Vaterunsers meint statt der ursprünglich gewollten Aussage vielmehr: „... wie wir vergeben unseren Schuldnern – soweit nicht materielle Schulden berührt sind"[52].

Diese Interpretation von Schuldenvergebung hängt im deutschen Sprachraum sicherlich mit dem „Kunstwort 'Schuldiger' "[53] zusammen.

Schuldenvergebung kann im eigentlichen biblischen Sinne aber nicht gedacht werden, ohne die Regelungen zum Zinsverbot und zur Schuldsklaverei mit einzubeziehen. Was heißt das?

Die Bitte um die Vergebung der eigenen Schuld erinnert an die Gnade Gottes, aus der heraus Juden und Christen ein befreites Leben erfahren können. Im alttestamentarischen Sinne schwingt in dieser Erkenntnis die Erinnerung an das befreiende Exodus-Handeln Gottes immer mit. Vergebung und Befreiung werden mit Gott in Verbindung gebracht. Zu fragen ist nun aber, ob mit der damit eng verknüpften Bitte um Vergebung der bei einem selbst noch ausstehenden Schulden auch die vollkommene Streichung derselben gemeint ist.

Der Hinweis von Gerd Theißen „Wen Jesus lehrt, man solle Gott um Vergebung bitten und selbst bereit sein, seinen Schuldnern zu vergeben, so denkt er gewiß auch an Geldschulden!"[54] trifft genau den entscheidenden Punkt der Vaterunserbitte.

---

[52] Crüsemann, Frank, „... wie wir vergeben unseren Schuldigern". Schulden und Schuld in der biblischen Tradition, in: Crüsemann, Marlene u. Schottroff, Willy (Hgg.), Schuld und Schulden, a.a.O., S. 102.

[53] Ebenda, S. 103.

[54] Theißen, Gerd, Der Schatten des Galiläers. Historische Jesusforschung in erzählender Form, München 1987, S. 207.

Zwar sind aus den Bedeutungen der Textübersetzungen mit den eigenen Schulden von Mt 6,12 auch „Verfehlungen"[55] gemeint, diese Nuance verweist aber nur auf die Vielschichtigkeit der Problematik rund um Schuld und Schulden. Angesichts der massiven Verelendungsprozesse und der Versuche, über die wirtschaftsrechtlichen Gesetze der Tora hiergegen Strategien zu entwickeln, erscheint es geradezu absurd, wenn die Bitte des Vaterunser im heutigen Verständnis um seine ökonomische Dimension gebracht wird.

Jesus unterstreicht mit der Einbindung der Bitte um Schuldenstreichung in das Vaterunser den hohen Stellenwert dieser wirtschaftlich zentralen Frage.

3.2.3. *Zu leihen, wo man nichts hoffet* als praktizierter Glaube im Kontext der Feindesliebe (Lk 6, 34f.)

An ebenfalls zentraler Stelle, nämlich im Zusammenhang des Aufrufes Jesu zur Feindesliebe, wird das Leihen angesprochen. Lk 6, 34 und 35 lauten:

> (V. 34) *Und wenn ihr denen leihet, von denen ihr hoffet zu nehmen, was für Dank habt ihr davon? Denn die Sünder leihen den Sündern auch, auf daß sie Gleiches wieder nehmen.*
> (V. 35) *Vielmehr liebet Eure Feinde; tut wohl und leihet, wo ihr nichts dafür hoffet, so wird euer Lohn groß sein, und ihr werdet Kinder des Allerhöchsten sein; denn er ist gütig über die Undankbaren und Bösen.*

Bei Matthäus lautet die entsprechende Textstelle (Mt 5, 42):

---

[55] Bei Frank Crüsemann, 1992, a.a.O., S. 92 finden sich die verschiedenen Bedeutungsvarianten der Begriffe *Schuld* bzw. *Schulden*.

Gib dem, der dich bittet, und wende dich nicht von dem, der dir abborgen will.

Da beide Stellen starke Ähnlichkeiten aufweisen und nur bei Lk und Mt vorkommen, weist dies stark auf die Herkunft aus der Logienquelle Q hin.

Die Zinsnahme wird zwar nicht ausdrücklich angesprochen, aber die Aussagen der Textstellen lassen keinen Zweifel darüber aufkommen, daß Geldverleih auf Zinsen mit der Aufmerksamkeit gegenüber anderen nichts zu tun hat. Im Gegenteil: Hier ist die Aufforderung, ohne Entgelt zu verleihen, sogar eingebunden in die Forderung Jesu nach der Liebe der Feinde. Diese Forderung ist an sich schon so radikal und neu, daß eine Billigung des Zinsnehmens jenseits des denkbaren Horizontes erscheinen muß. Hätte Jesus etwas inhaltlich Neues zur Thematik der Zinsen gesagt und gefordert, als es im Judentum bis dato üblich war, wäre das an dieser Stelle aufmerksam zur Notiz genommen worden. Die Außergewöhnlichkeit der Feindesliebe wird demnach nicht auch mit einer traditionsbrechenden Erlaubnis der Zinsnahme gekoppelt.

3.2.4. Der Konflikt um die Auslegung des Gleichnisses von den anvertrauten Pfunden/Talenten (Lk 19, 11-28)

Die Frage nach der theologischen Einordnung und Bewertung der Zinsen kommt im Bereich des Neuen Testamentes nicht um das *Gleichnis von den anvertrauten Talenten* (Lk 19,11-28 und Mt 25,14-30) herum. Wer das Gleichnis zum ersten Mal unbedarft und ohne Zusatzinformationen liest, könnte auf die Idee kommen, daß hier das Nehmen von Zinsen gutgeheißen wird. Diesen ersten Eindruck gilt es im folgenden ins rechte Licht zu rücken.

Das Gleichnis lautet bei Lukas:

(Lk 19, V. 11) *Da sie nun zuhörten, sagte er weiter ein Gleichnis, darum daß er nahe bei Jerusalem war und sie meinten, das Reich Gottes werde sogleich offenbar werden,*
(V. 12) und sprach: Ein Edler zog ferne in ein Land, daß er das Königtum erlangte und dann wiederkäme.
(V. 13) Der ließ zehn seiner Knechte rufen und gab ihnen zehn Pfund und sprach zu ihnen: Handelt damit, bis daß ich wiederkomme!
(V. 14) Seine Bürger aber waren ihm feind und schickten Botschaft ihm nach und ließen sagen: Wir wollen nicht, daß dieser über uns herrsche.
(V. 15) Und es begab sich, da er wiederkam, nachdem er das Königtum erlangt hatte, hieß er dieselben Knechte rufen, welchen er das Geld gegeben hatte, daß er erführe, was ein jeglicher erhandelt hätte.
(V. 16) Da trat herzu der erste und sprach: Herr, dein Pfund hat zehn erworben.
(V. 17) Und er sprach zu ihm: Ei, du frommer Knecht, weil du bist im Geringsten treu gewesen, sollst du Macht haben über zehn Städte.
(V. 18) Der zweite kam und sprach: Herr, dein Pfund hat zehn Pfund erworben.
(V. 19) Und er sprach zu (ihm) auch: Und du sollst sein über fünf Städte.
(V. 20) Und der dritte kam auch und sprach: Herr, siehe da, hier ist dein Pfund, welches ich habe im Schweißtuch behalten;
(V. 21) ich fürchtete mich vor dir, denn du bist ein harter Mann; du nimmst, was du nicht hingelegt hast, und erntest, was du nicht gesät hast.
(V. 22) Er sprach zu ihm: Aus deinem Munde richte ich dich, du böser Knecht. Wußtest du, daß ich ein harter Mann bin, nehme, was ich nicht hingelegt habe, und ernte, was ich nicht gesät habe:
(V. 23) warum hast du denn mein Geld nicht in die Wechselbank gegeben ? Und wenn ich gekommen wäre, hätte ich's mit Zinsen gefordert.

(V. 24) Und er sprach zu denen, die dabeistanden: Nehmet das Pfund von ihm und gebet's dem, der zehn Pfund hat.
(V. 25) Und sie sprachen zu ihm: Herr, er hat doch schon zehn Pfund.
(V. 26) Ich sage euch aber: Wer da hat, dem wird gegeben werden; von dem aber, der nicht hat, wird auch das genommen werden, was er hat.
(V. 27) Doch jene meine Feinde, die nicht wollten, daß ich über sie herrschen sollte, bringet her und macht sie vor mir nieder.
(V. 28) Und als er solches sagte, zog er fort und reiste hinauf nach Jerusalem.[56]

Während Lukas von einem *Edlen* spricht, berichtet Matthäus allgemeiner von einem *Menschen*, der seine *Habe* seinen Knechten anvertraut. Die Bewerbung um das Königtum taucht bei Mt nicht auf:

(Mt 25, V. 14) Gleichwie ein Mensch, der über Land zog, rief seine Knechte und vertraute ihnen seine Habe an;
(V. 15) und einem gab er fünf Zentner Silber, dem andern zwei, dem dritten einen, einem jedem nach seiner Tüchtigkeit, und zog hinweg.
(V. 16) Alsbald ging der hin, der die fünf Zentner empfangen hatte, und handelte mit denselben und gewann andere fünf.
(V. 17) Desgleichen, der die zwei Zentner empfangen hatte, gewann zwei andere.
(V. 18) Der aber den einen empfangen hatte, ging hin und machte eine Grube in die Erde und verbarg seines Herrn Geld.
(V. 19) Über eine lange Zeit kam der Herr dieser Knechte und hielt Rechenschaft mit ihnen.
(V. 20) Da trat herzu, der die fünf Zentner empfangen hatte, und legte andere fünf Zentner dazu und sprach: Herr, du hast mir fünf Zentner anvertraut; siehe da, ich habe damit andere fünf Zentner gewonnen.
(V. 21) Da sprach sein Herr zu ihm: Ei, du frommer und getreuer Knecht, du bist über wenigem getreu gewesen, ich will dich über viel setzen; gehe ein zu deines Herrn Freude !
(V. 22) Da trat auch herzu, der die zwei Zentner empfangen hatte, und sprach: Herr, du hast mir zwei Zentner anvertraut; siehe da, ich habe mit denselben zwei andere gewonnen.

---

[56] Zitiert nach Luthers Übersetzung.

(V. 23) Sein Herr sprach zu ihm: Ei, du frommer und getreuer Knecht, du bist über wenigem getreu gewesen, ich will dich über viel setzen; gehe ein zu deines Herrn Freude!

(V. 24) Da trat auch herzu, der einen Zentner empfangen hatte, und sprach: Herr, ich wußte, daß du ein harter Mann bist: du schneidest, wo du nicht gesät hast, und sammelst, wo du nicht ausgestreut hast;

(V. 25) und ich fürchtete mich, ging hin und verbarg deinen Zentner in die Erde. Siehe, da hast du das Deine.

(V. 26) Sein Herr aber antwortete und sprach zu ihm: Du böser und fauler Knecht! Wußtest du, daß ich schneide, wo ich nicht gesät habe, und sammle, wo ich nicht ausgestreut habe,

(V. 27) so solltest du mein Geld zu den Wechslern getan haben, und wenn ich gekommen wäre, hätte ich das Meine zu mir genommen mit Zinsen.

(V. 28) Darum nehmet von ihm den Zentner und gebet ihn dem, der die zehn Zentner hat.

(V. 29) Denn wer da hat, dem wird gegeben werden, und er wird die Fülle haben; wer aber nicht hat, dem wird auch, was er hat, genommen werden.

(V. 30) Und den unnützen Knecht werfet in die Finsternis hinaus; da wird sein Heulen und Zähneklappern.

Beide Texte ähneln sich (trotz bestimmter Verschiedenheiten) so stark, daß von einer gemeinsamen Herkunft aus der Logien- bzw. Spruchquelle Q ausgegangen werden kann.[57] Im folgenden sollen diese Gemeinsamkeiten und die Unterschiede herausgearbeitet werden, bevor an die inhaltliche Deutung der Texte herangegangen wird.

Erzählerisch steuern beide Textstellen auf das Verhalten des dritten Knechtes hin. Dazu wird am Anfang der Herr vorgestellt, der bei Lk als ein *Edler* mit dem Streben nach der Königswürde und bei Mt als ein einfacher *Mensch* mit entsprechendem Besitz ausgemacht wird. Sowohl bei Lk als auch bei Mt kommen dann drei Knechte ins Spiel, denen der

---

[57] Weder, Hans, Die Gleichnisse Jesu als Metaphern: traditions- u. redaktionsge-schichtliche Analysen und Interpretationen, Göttingen 1984, S. 193.

Besitz des Herrn anvertraut wird. Dieser Besitz wird bei Mt mit Zentnern Silber angegeben, während Lk allgemeiner von Pfund spricht. Entscheidend ist nun, daß Mt die Menge der anvertrauten Zentner variiert und von der Tüchtigkeit der Knechte (Mt 25, 15) abhängig macht, während bei Lk die drei Knechte die gleiche Menge an anvertrautem Pfund bekommen. Mit dieser mengenmäßigen Unterscheidung wird bei Mt vor allem eine erzählerische Absicht verfolgt:

Im Sinne einer Antiklimax sind [...] die wiederholten Rechenschaftsberichte der Knechte und die entsprechende Vergeltung durch den Herrn in der Talentparabel (Mt 25, 20ff.) angeordnet. In einer Rangfolge, die sich gemäß der Summenverteilung abfallend vom Größeren zum Kleineren bewegt, geben die Knechte nacheinander über ihren Umgang mit dem anvertrauten Kapital Auskunft. Das Stilmittel der Antiklimax ist an dieser Stelle vom Erzähler genauso überlegt eingesetzt wie die Zahlenschematik von 5–2–1. Denn die berichtete Verdoppelung der Beträge von fünf auf zehn und von zwei auf vier Talente bei den ersten beiden Knechten soll beim Hörer die Erwartung auslösen, daß der dritte das ihm gegebene eine Talent wenigstens um ein weiteres vermehrt haben wird. Der Fortgang der Erzählung enttäuscht diese Erwartung und gibt dadurch dem Verhalten des dritten Knechtes nicht nur den Anstrich des Auffälligen, sondern zugleich den des Anormalen.[58]

Diese Regelwidrigkeit im Verhalten des dritten Knechtes wird erzählerisch auch noch einmal unterstrichen durch den zweimaligen Hinweis auf die Härte des Herrn (zum einen in der Rede des dritten Knechtes und zum anderen in der Gegenrede des Herrn), die sowohl bei Lk als auch bei Mt zu finden ist. Wolfgang Harnisch spricht in diesem Zusammenhang von den erzählerischen Stilmitteln der Wiederholung und der Ironie:

Das Stilmittel der Ironie kann [...] auch mit dem der Wiederholung gekoppelt sein. So ist zweifellos Ironie im Spiel,

---

[58] Harnisch, Wolfgang, Die Gleichniserzählungen Jesu: Eine hermeneutische Einführung, Göttingen 1985, S. 37f.

wenn der Herr in der Talentenparabel den zwischen Anklage und Verteidigung schwankenden Vorwurf des dritten Knechtes ich kannte dich, daß du ... erntest, wo du nicht gesät hast, und sammelst, wo du nicht ausgestreut hast (v. 24) in seiner Gegenrede (v. 26) wortwörtlich aufgreift und somit scheinbar gelten läßt. In Wahrheit zielt das Zitat darauf ab, die Beweggründe des Knechtes zu diskreditieren (vgl. v. 27). Denn der Herr folgert, daß, wenn sein Knecht ihn wirklich als einen harten und intriganten Mann kannte, er sein Geld zwecks Zinserwerb angelegt haben würde.[69]

Damit verlassen wir bereits den stilistischen Vergleich beider Textstellen und sind schon mitten in der Deutung des Inhaltes. Ist es nun so, daß dieses Gleichnis das Nehmen von Zinsen nicht nur erlaubt, sondern regelrecht fordert und gleichsam als wichtige Tugend darstellt?

Da Gleichnisse direkt mit den Aussagen und Absichten von Jesus in Verbindung gebracht werden, hätte solch eine Interpretation eine weitreichende Bedeutung: Jesus würde das bis dahin geltende Wirtschaftsrecht der Tora in Frage stellen und regelrecht umstürzen. Ist dem so?

Die schlichte, aber bezogen auf die Rezeptionsgeschichte dieses oftmals gerade so (und nur so) ausgelegten Gleichnisses nicht weniger revolutionäre Antwort auf diese knifflige Frage lautet *Nein*. Es wäre schon sehr verwunderlich, wenn sich Jesus über die zentralen Wirtschaftsgesetze der Hebräischen Bibel hinwegsetzte, von der er sagt, daß kein Jota und kein noch so kleines Häkchen von ihr wegfallen solle (vgl. Mt 5, 18). Wenn man dieses Kriterium als Ausgangspunkt für andere Interpretations-Möglichkeiten festlegt, eröffnen sich hauptsächlich zwei Stränge der möglichen Deutung: Erstens die inhaltliche Erklärung der Talenteparabel in einem übertragenen und symbolischen Sinne und zweitens der historische Zugang im

---

[69] Ebenda, S. 39.

Sinne der geschichtlichen Erinnerung der Jünger Jesu an den tyrannischen König Archelaus, der von 4 vor Chr. bis 6 nach Chr. in Palästina geherrscht hat, im Kontext der euphorischen Naherwartung des Reiches Gottes durch die Jünger vor Jesu Einzug in Jerusalem.

3.2.4.1. Die symbolische Interpretation der Talente als Gaben Gottes

Der Interpretationsstrang, der das Gleichnis eher symbolisch in einem übertragenen Sinne verstehen möchte, verweist auf die zentralen Begriffe des *Anvertrauten* und der *Talente* in der vorliegenden Parabel. Damit wird die Richtung der Interpretation schon vorgegeben: Es gibt unterschiedliche Menschen, denen verschiedene *Gaben* anvertraut wurden. Die Wortgleichheit zwischen der historischen Talent-*Münze*[60] und dem deutschen Begriff Talent für *Begabung* und *Fertigkeit* hat diese Deutungs-Variante (wenigstens im deutschsprachigen Raum) begünstigt.

Die handelnden Personen in der Parabel symbolisieren demnach folgerichtig einerseits Gott (als König bzw. Herrn) und andererseits die Menschen in Gestalt der Knechte. Der Hinweis bei Lk, daß der König sich erst noch um sein Königtum bewerben müsse, könnte ein Hinweis auf Jesus als den Gesalbten, den Christus sein. Bei Mt fehlt diese wichtige Symbolik bekanntlich völlig, was an dieser Deutung Zweifel aufkommen läßt.

---

[60] „Talanta [...] war die Bezeichnung für eine griechische Münze mit hohem Wert" (vgl. Schirmer, Dietrich, 'Du nimmst, wo du nichts hingelegt hast', in: Füssel, Kuno u. Segbers, Frank., 1995, a.a.O., S. 181, Fußnote 5 mit weiterer Literaturangabe zu dieser Währung).

Der dritte Knecht spielt in diesem Deutungsmuster eine abschreckende Rolle. Im Sinne einer Negativfolie wird er als Beispiel dafür vorgestellt, daß er ein 'Angsthase' sei, der es nicht verstanden habe, mit seinem anvertrauten Talent 'zu wuchern'. Folgerichtig ist das Versteck der richtige Ort, wo nicht nur das Geld, sondern auch gleich der ängstliche Knecht selbst hingehört. Mt schildert diesen Ort sehr anschaulich mit der Finsternis, denn *da wird sein Heulen und Zähneklappern* (V. 30). Die Tatsache, daß sich der dritte Knecht nicht dem Anspruch des Herrn und seiner Gelder gestellt hat, obwohl er wenigstens die Geldwechsler hätte aufsuchen können, sieht ihn für eine Bestrafung vor. Demgegenüber steht die Behandlung des zweiten Knechtes, der (jedenfalls bei Mt) im Vergleich zum ersten Knecht ja auch nicht so erfolgreich gewesen ist. Der Zweite wird dennoch belohnt statt bestraft. Die daraus folgernde Interpretation lautet:

> *Die Abrechnung geschieht nicht nach Maßgabe ihres Erfolges. Maßgebend ist nur,* [61] *daß sie den Anspruch der Gelder wahrgenommen haben.*

Bezogen auf die inneren Begabungen, denen man sich demnach zu stellen hat, könnte diese allgemein menschliche Aussage aber auch nur auf den engeren Kreis der Jünger gemünzt sein:

> *Dabei wird das Gericht differenzieren: nicht von jedem ist verlangt, was vom Jünger im engeren Sinn gefordert ist. Neben Feld-, Wald- und Wiesenchristen gibt es Gipfelstürmer. Wesentlich ist die Treue, die sich im Handeln erweist.* [62]

Ob es zur moralischen Aufrichtung von sogenannten 'Feld-, Wald- und Wiesenchristen' (wie immer man sie sich

---

[61] Weder, Hans, a.a.O., S. 204.
[62] Schweizer, Eduard, Das Neue Testament deutsch (NTD), Band 3, Das Evangelium nach Lukas, Göttingen 1986, S. 197.

vorzustellen hat) der Talenteparabel bedurft hätte, ist zu bezweifeln. Die Bedeutung der einzelnen Begabungen unterstreicht Jesus nämlich bereits mit dem Gleichnis vom Licht, das es nicht unter einen Scheffel, sondern hoch zu stellen gilt (Mk 4, 21f.). Jesus spricht aber hier von einem *Leuchter*, in den das Licht gehört und nicht von 'Gipfeln', die es zu erstürmen gilt. Und auch der im gleichen Kontext stehende Hinweis

> *Ihr seid das Licht der Welt. Es kann die Stadt, die auf dem Berge liegt, nicht verborgen sein* (Mt 5, 14)

ist (trotz der Berge) mit Sicherheit keine exklusive Bemerkung Jesu für sogenannte 'Gipfelstürmer'.

Interpretationsweisen, die die Bedeutung und Wichtigkeit der menschlichen Talente und Begabungen betonen, finden ihre Unterstützung in der tiefenpsychologischen Herangehensweise an biblische Texte. Wo anders als in der tiefenpsychologischen Bibelinterpretation hätte man nachzuschauen, wenn man sich mit dem der Psychoanalyse ureigenen Thema der Begabungen (verdeckte und offene) von Menschen beschäftigt? Bei der Deutung der Talenteparabel kommt man deshalb nicht um die Tiefenpsychologie herum. Eugen Drewermann als der im deutschsprachigen Raum bekannteste tiefenpsychologisch orientierte Theologe hat sich mit dem entsprechenden Gleichnis beschäftigt. Die zentrale Gestalt des Gleichnisses ist auch für Drewermann der dritte Knecht:

> *Einzig um diesen geht es wirklich, und unser Anliegen muß es daher sein herauszufinden, was in ihm vor sich geht, das heißt,*

für welch eine[3] menschliche Infragestellung seine Gestalt eigentlich steht.[63]

Das Vergraben des anvertrauten Geldes ist nach Drewermann eine Suche nach Sicherheit:

[...] im Grunde geht er auf Nummer sicher – er wirft nicht alles hin, er vergräbt es, so daß es ihm niemand mehr entwenden kann. Um eine solche Angst, die nur alles bewahren, aber nichts riskieren will, geht es in diesem Gleichnis Jesu wesentlich, und so kommt alles darauf an, den Zusammenhang von Minderwertigkeitsgefühl und Sicherungstendenz im Verhalten dieses Mannes zu verstehen, um den eigentlichen Bezugspunkt der Geschichte zu erfassen.[64]

Das Minderwertigkeitsgefühl kann aber nur dann entstehen, wenn der Vergleich mit anderen im ständigen Mittelpunkt des Interesses steht. Das Vergleichen der Erfolge unter den drei Knechten muß den dritten Knecht zwangsläufig mutlos machen.

Wer nichts mehr macht, kann auch nichts mehr falsch machen! Die gesamte Lebensanlage gerät unter dem Diktat einer immer größeren Angst zu einer kompletten Vermeidehaltung. Ich habe Angst, ist jetzt die Erklärung für alles, vor allem für das Nichts an eigenem Sein. Alle anderen erscheinen nunmehr als riesengroß, das eigene Ich aber als winzig klein – eine Maus zwischen lauter Katzen. Die anderen – das sind stets die mit den fünf Talenten, die mit den vier Talenten – [...].[65]

Als Folgerung daraus kommt es nach Drewermann darauf an, zu verstehen, daß es die ständige vergleichende Angst ist, vor der man sich eigentlich fürchten müsse. Damit verbindet er die Aufforderung:

Du mußt dich entscheiden. Riskiere dein Leben! Wage, dich einzubringen. Sonst stehst du aus Angst, den letzten Rest zu

---

[63] Drewermann, Eugen, Das Gleichnis von den Talenten oder: Gegen das ewige Zu--wenig, in: Das Matthäusevangelium, Dritter Teil: Mt 20, 20-28, 20. Bilder der Erfüllung, Solothurn und Düsseldorf 1995, S. 214.

[64] Ebenda, S. 215.

[65] Ebenda, S. 216.

verlieren, bei der Abrechnung tatsächlich mit leeren Händen da![66]

Den Herrn aus dem Gleichnis bringt er selbstverständlich mit Gott in Verbindung, denn das Moment der Offenlegung der erbrachten oder eben nicht erbrachten Früchte spielt auch für ihn eine Rolle:

Gott wird am Jüngsten Tage alles mögliche verstehen, aber nicht diese ewige Angst![67]

Als Gegenstrategie gegen die Angst und das Gefühl der Kleinheit kann nur Vertrauen aufgebaut werden:

Damit das Gleichnis Jesu nicht zu einer moralisierenden Horrorlektion verkommt, muß man diesen Hintergrund des Vertrauens dringend nacharbeiten. Wieviel an konkreten Ängsten muß im Leben eines Menschen erst einmal bewußt gemacht werden, ehe das Gefühl der Minderwertigkeit und der Resignation nach und nach zu schwinden vermag? Wieviel an persönlicher Begleitung und Zuwendung bedarf ein Mensch, ehe er schrittweise lernt, den Glauben an seine eigenen Fähigkeiten und Möglichkeiten: an seine Schönheit, an seinen Verstand, an sein Denken, an sein Fühlen, an seine Person zurückzugewinnen bzw. zum ersten Mal in seinem Leben aufzubauen?[68]

Die Konkurrenzgefühle, die Drewermann auch biblisch als „Kain-und Abel-Konflikt"[69] ausmacht, und der damit verbundene Vergleich zu den scheinbar immer Erfolgreicheren verstellt den Blick auf das Wesentliche:

Die Angst des dritten Knechtes besteht, mit anderen Worten, darin, daß er andere Menschen wesentlich zum Vergleichsmaßstab für sich selbst nimmt, statt sich mit seinem einen Talent unmittelbar auf seinen Herrn zu beziehen, der es ihm anvertraut hat. Gott, soll das sinngemäß heißen, verlangt von dir nichts Unmögliches. Der Eindruck kann allenfalls entstehen, wenn du zuviel darauf schaust, was andere

---

[66] Ebenda, S. 217.
[67] Ebenda, S. 216.
[68] Ebenda, S. 218.
[69] Ebenda.

Menschen vermeintlich haben. Du mußt aber nicht das Leben anderer Menschen führen, es genügt vollauf, es ist sogar deine einzige wirkliche Aufgabe, dein eigenes Leben zu führen mit all den Chancen und Möglichkeiten, die dir und nur dir anvertraut wurden.[70]

Zusammenfassend kann man feststellen, daß die Rolle und das Verhalten des dritten Knechtes in der Talenteparabel aus Sicht der tiefenpsychologischen Bibelinterpretation keineswegs eine Anmahnung von Pflichterfüllung und Fleiß ist. Stattdessen rückt die Selbstfindung des mit *Be-Gabungen* ausgestatteten Menschen in den Vordergrund des Interesses.

3.2.4.2. Der historische Zugang: Der dritte Knecht widersteht dem tyrannischen König Archelaus

Eine andere Zugangsweise zur inhaltlichen Aussage des Gleichnisses von den anvertrauten Pfunden ist der Blick auf den historischen Hintergrund Jesu. Und hier bietet sich diese Parabel geradezu an, weil in ihr von einem *Edlen* oder auch *Hochwohlgeborenen* die Rede ist, der auszieht, sich um das Königtum zu bewerben. Bezogen auf die machtpolitisch-historische Einordnung des von den Römern besetzten Palästinas kann eigentlich nur Rom mit der Stelle gemeint sein, die dem Bewerber das Königtum zuzusprechen hat. Tatsächlich gibt es den historischen Bezug auf das Jahr 4 vor Chr., der bei dem jüdischen Geschichtsschreiber *Flavius Josephus* erwähnt wird.[71]

Josephus erzählt in seinem ausführlichen Bericht folgendes: Herodes I. (gest. 4 v. Chr.) hatte in seinem letzten Testament seinen ältesten Sohn Archelaus zum Nachfolger bestimmt. Aber

---

[70] Ebenda, S. 219.
[71] Flavius Josephus, Der jüdische Krieg, II 2, 2.5; 7, 3; I. Bd., S. 156f.

nur, wenn der römische Kaiser, Augustus, das Testament bestätigte, konnte die Verfügung des Herodes inkrafttreten. So wollte Archelaus sich nach Rom einschiffen, um sich dort vor Augustus als Nachfolger auf Herodes' Königsthron zu bewerben (vgl. Lk 19, 12). Aber ihm kam etwas dazwischen. Wenige Tage vor seiner Abreise gab es einen Aufstand jüdischer Pilger beim Passahfest in Jerusalem. Archelaus ließ den Aufstand mit großer Brutalität niederschlagen, wobei 3000 Leute im Tempelbezirk den Tod fanden. Nach dieser Schlächterei fuhr Archelaus nach Rom ab. Aber ihm reiste sofort eine Delegation von Stadträten aus Judäa nach, später noch eine weitere. Diese Leute trugen dem Kaiser vor, daß sie unter keinen Umständen Archelaus zum König haben wollten (vgl.Lk 19, 14). Zu brutal und intrigant war das Haus des Herodes gegen die Bevölkerung vorgegangen. Sie hatten u.a. die Markt- und Warenzölle auf ein unerträgliches Maß hochgeschraubt, um sich persönlich zu bereichern. Aber Augustus bestätigte weitgehend das Testament Herodes' I. Er setzte Archelaus als Teilkönig (Tetrarch) über Judäa, Samaria und Idumäa ein (vgl. Lk 19, 15). Während seiner neunjährigen Regierung unterdrückte Archelaus die Einwohner des Landes so grausam, wie es schon sein Vater getan hatte, und brach alle einstigen Versprechen, auch die, in ökonomischer Hinsicht milde zu sein. Josephus faßt seinen Bericht über Archelaus so zusammen: Seine Herrschaft war roh und tyrannisch.[72]

Die Ähnlichkeiten zu einzelnen Punkten der Gleichnisrede Jesu sind auffallend groß. Der Name Archelaus' wird zwar von Lukas nicht erwähnt, dies „mag damit zusammenhängen, daß das geschilderte Verhalten dieses Herrschers nicht als Ausnahme, sondern als typisch für die meisten Potentaten verstanden werden sollte"[73]. Was aber soll die Erinnerung Jesu an die Greueltaten dieses Tyrannen vorstellen? Was bezweckt Jesus damit?

Die Antwort kann der Kontext des Gleichnisses geben: Eingebettet ist die Talenteparabel bei Lukas in die zeitliche

---

[72] Schirmer, Dietrich, „Du nimmst, wo du nicht hingelegt hast" (Lk 19, 21). Kritik ausbeuterischer Finanzpraxis, in: Füssel, Kuno u. Segbers, Frank (Hgg.), 1995, a.a.O., S. 182.
[73] Ebenda, S. 183.

Nähe des Einzuges Jesu in Jerusalem. Vor diesem Einzug spricht Jesus dieses Gleichnis, nachdem er ins Haus des Zachäus eingekehrt war und diesen wegen seiner Finanzpraktiken verhaßten Mann zur Umkehr und zum Teilen seiner materiellen Güter bringen konnte (Lk 19, 1-10).

Zachäus hat begriffen, worauf es Jesus in der Frage der Ökonomie ankommt: Auf das Teilen und auf den Verzicht auf ausbeuterische Finanzpraktiken. Die Bekehrung dieses hohen Funktionärs aus dem römischen Finanzapparat hatte auf die Begleiter Jesu absolut elektrisierend gewirkt.[74]

Die Begeisterung für Jesu Taten führte bei den Jüngern zu einer Naherwartung des Reiches Gottes, zumal der Einzug Jesu in Jerusalem bevorstand. Die Messias-Euphorie drückt Lukas am Beginn der Talenteparabel aus (vgl. Lk 19, 11).

Genau diese euphorische Stimmung seiner Jünger wollte Jesus mit seiner historischen Erinnerung an den Tyrannen Archelaus in Grenzen halten.

Mit einer eindringlichen Erinnerung daran, wie Herrscher vom Schlage eines Herodes Archelaus in ökonomischen Fragen zu denken und zu handeln pflegen, will Jesus den verfrühten Enthusiasmus seiner Anhänger dämpfen und sie auf den blutigen Ausgang der Ereignisse vorbereiten, auf den sie alle zugehen, ohne es recht zu ahnen. Er will sie auf den Boden der real existierenden Verhältnisse zurückholen. Ernüchterung ist also die Absicht dieses Gleichnisses.[75]

Für die Interpretation des Gleichnisses scheidet damit der symbolische Zugang aus:

Insofern ist der Vorfall, den Jesus hier erzählt, nicht ein Gleichnis im Sinne einer symbolischen Erzählung, die auf Gott weist, sondern ein reales Beispiel aus dem politischen Leben des Landes, erzählt zu dem Zweck, daß die Zuhörer lernen, die Situation realistisch einzuschätzen.[76]

---

[74] Ebenda.
[75] Ebenda.
[76] Ebenda.

Der dritte Knecht, der im symbolisch ausgerichteten Interpretationsstrang eher als Negativbeispiel für einen ängstlichen Menschen, der mit seinen Talenten nicht umzugehen weiß, aufgefaßt wird, erscheint im historischen Zugang vollkommen anders: Er ist das von Jesus genannte leuchtende Beispiel für Widerstand gegen einen gefürchteten Tyrannen. Der Ausspruch des dritten Knechtes, daß er gewußt habe, daß der Herr ein harter Mann sei (Lk 19, 21), hält dem Tyrannen sozusagen das Spiegelbild offen entgegen. Er demaskiert praktisch den grausamen König und steht mutig zu seiner Angst vor ihm. Der König wiederum kann nicht als Hinweis auf Gott gedeutet werden. Stattdessen ist er klarer Gegenspieler von Jesus und auch das „Gegenbild zu Zachäus"[77].

Das Problem des Zinsnehmens rückt dadurch in ein dem Wirtschaftsrecht der Tora wieder entsprechendes Licht. Mit der Frage, warum der dritte Knecht sein ihm anvertrautes Geld nicht gegen Zinsen auf die Bank getragen hat, „disqualifiziert sich dieser König ein weiteres Mal, jedenfalls für torafromme Juden"[78].

Während Zachäus einen neuen Bezug zu seinen Besitztümern und zu seinem Geld bekommt und Jesus verspricht, die Hälfte seiner Güter den Armen zu geben, schert sich der grausame König nicht um die Herkunft der Gelder, die seine drei Knechte ihm gefälligst gehorsam zu vermehren haben. Eine Gegenstimme, wie sie von dem dritten Knecht erfolgt, paßt nicht in dieses rücksichtslose Konzept und wird deshalb in tyrannenartiger Form per Tötung zum Verstummen gebracht (vgl. Lk 19, 27).

---

[77] Ebenda, S. 183f.
[78] Ebenda, S. 185.

Die Kernaussage zum Thema Zinsnahme ist insofern die abschreckende Feststellung des dritten Knechtes, daß nur ein grausamer Herrscher nimmt, wo er nicht hingelegt hat und erntet, was er nicht gesät hat (Lk 19, 22).

Zusammenfassung:

Lukas will mit dem Gleichnis sagen: Jesus erklärt die stürmisch geäußerte Naherwartung seiner Jünger (V. 11) für unrealistisch und macht ihnen klar: Die Könige, die jetzt herrschen, sind grausame Tyrannen, die ihre Kritiker und solche Leute, die nicht für sie arbeiten, töten oder mindestens finanziell und politisch ausschalten. Lk 19, 11-27 ist also alles andere als eine Rechtfertigung kapitalistischer Geldpraxis, die auf Gewinne durch Zinsnehmen aus ist. Wenn die Kirche im Laufe der Geschichte trotzdem diesen Text so interpretiert hat, wird das möglicherweise mit dem Umstand zusammenhängen, daß sie selber reich geworden ist und ein Interesse daran bekam, solche Texte in ihrer Intention umzukehren.[79]

Inwiefern dies auf die verschiedenen Epochen der Geschichte und Kirchengeschichte zutrifft, davon handelt der nun folgende Teil dieser Ausarbeitung.

---

[79] Ebenda, S. 186.

4. Geschichte und Kirchengeschichte

Das Problem des Zinsnehmens fand seinen Niederschlag nicht nur in der Formulierung und Auslegung der biblischen Texte, sondern formte auch mehrere Epochen der Geschichte bzw. Kirchengeschichte. Das Sprichwort 'Geld bewegt die Welt' deutet auf die enorme Wichtigkeit von wirtschaftlichen und sozialen Prozessen auf den Verlauf der Geschichte hin, wobei eine differenzierte Sichtweise vor einem zwingenden Determinismus bei dieser Thematik zu bewahren hilft. Die mit der Geschichte des Geldes eng verbundenen Fragen nach der ökonomischen, sozialen und besonders der sittlichen Bewertung der Zinsen beeinflußte einige Epochen stärker als andere. Um den Überblick zu erleichtern, sollen die wichtigsten und entscheidendsten Zeitabschnitte deshalb zu Beginn genannt werden:

Kurzer Überblick:

Für die Antike ist die Bewertung des Zinses eine zentrale Frage. Die Entstehung des Geldes im griechisch-kleinasiatischen Bereich ruft die griechische Philosophie auf den Plan. Aristoteles und Platon entwickeln ihre Vorstellungen von der *Unfruchtbarkeit des Geldes* und verneinen damit das Recht zur Zinsnahme. Die Scholastik wird sich ab dem 9. Jahrhundert an diese Thesen zurückerinnern und damit die Geistesgeschichte des Mittelalters prägen. Das biblisch begründete kanonische Zinsverbot steht daneben im Zentrum des mittelalterlichen Umgangs mit Fragen des Geldes und der Wirtschaft. Hier rückt die Rolle der Wucherer und die extra für sie geschaffene Vorstellung des Fegefeuers bzw. Purgatoriums ins Blickfeld des Interesses. Die Neuzeit wird dann noch einmal mit den Personen der drei Reformatoren Luther, Zwingli und Calvin die Frage nach der theologischen Berechtigung des Zinses intensiv diskutieren, bevor mit Melanchthon und Salmasius die Zinsfrage einen bis heute gültigen marginalen, zu vernachlässigenden Charakter bekommt.

4.1. Die Antike und die *Unfruchtbarkeit des Geldes*

Die These von der *Unfruchtbarkeit des Geldes* geht hauptsächlich auf *Aristoteles* zurück (384 bis 322 v. Chr.). Von ihm ist der Ausspruch überliefert: *Nummus non parit nummos* (*Geld pflanzt sich nicht fort*).[80]

Diese Aussage, die fast wie ein Vorgänger-Zitat zu Marx' Interpretation des zinstragenden Kapitals als „Geld heckendes Geld"[81] klingt, muß aus dem Kontext von Aristoteles' Einschätzung der Wirtschaft heraus verstanden werden.

Aristoteles unterscheidet nämlich sehr klar einerseits zwischen der Hausverwaltungskunde *oikonomia,* die der Bedürfnisbefriedigung dient, und andererseits der Geldvermehrungswirtschaft *kapelike*[82], die die Befriedigung der Bedürfnisse einer Hausgemeinschaft nicht mehr in den Vordergrund stellt.

Zur Zeit des Aristoteles wird ein neues Prinzip des Wirtschaftens entwickelt: Das Wirtschaften der einzelnen selbstversorgenden Haushalte (*oikoi*) wird immer stärker verdrängt vom Erwerbsprinzip, das auf Gelderwerb und Gewinnstreben über den Markt als Austauschplatz ausgerichtet ist. Durch diese wirtschaftliche Umbruchphase erscheint es nachvollziehbar, daß sich Aristoteles

---

[80] Aristoteles, Politik, Reinbek bei Hamburg 1965 und Le Goff, Jacques, Wucherzins und Höllenqualen. Ökonomie und Religion im Mittelalter, Stuttgart 1988, S. 28.

[81] Marx/Engels-Werke, Bd. 23, S. 70, hier entnommen aus Schirmer, Dietrich, 1995, a.a.O., S. 185.

[82] Vgl. Duchrow, Ulrich, 1994, a.a.O., S. 20f.

grundsätzliche Gedanken über die Ökonomie und das darin jetzt so zentrale Geld macht.

Niemand vor ihm, und man muß hinzufügen, niemand nach ihm hat so scharf dieses neue Grundprinzip des Wirtschaftens vom alten Versorgungsprinzip unterschieden wie Aristoteles. Er konnte es wohl nur tun, weil tatsächlich [...] es am Anfang, im status nascendi, leichter war, diese Entwicklung als neue zu erkennen und zu beschreiben.[83]

Neu und damit ein Bruch mit der bisherigen haushalterischen Wirtschaft war nun aber besonders, daß, mit der Geldwirtschaft eng verbunden, die Unersättlichkeit des Gewinnstrebens zu Tage trat. Diese Unersättlichkeit

gehorcht den Antrieben zu ständiger Expansion, indem Geld verwendet wird, um mehr Geld daraus zu machen, entweder im Handel durch den Handelsgewinn oder aber bei der Geldausleihe durch den Zins. Der Zins-Gewinn ist für Aristoteles besonders widernatürlich, weil man. aus dem Geld selbst den Erwerb zieht und nicht aus dem, wofür das Geld da ist.[84]

Der Philosoph sieht in der grenzenlosen Lust nach immer mehr Geld die Gefahr

daß die meisten Menschen sich nur um das Leben und nicht um das vollkommene Leben sorgen.[85]

Die prägnante Analyse der neu entstehenden wirtschaftlichen Prioritäten wurde eine Generation vor Aristoteles auch schon von den Sokrates-Schülern *Xenophon* und *Platon* reflektiert. Sie werden hier der Vollständigkeit halber genannt, haben aber im Vergleich zu Aristoteles'

---

[83] Binswanger, Hans Christoph, Die Marktwirtschaft in der Antike. Zu den ökonomischen Lehren der griechischen Philosophen, in: Füssel, Kuno u. Segbers, Frank (Hgg.), 1995, a.a.O., S. 24.

[84] Ebenda, S. 27 mit einer Zitierung von Aristoteles, 1965.

[85] Ebenda.

Gedanken nicht ein so weit verbreitetes Echo in der Wirkungsgeschichte gefunden.[86]

Insbesondere die Scholastik hat sich im Mittelalter der Thesen aus der Antike wieder erinnert und damit den Weg zum Umgang mit Geld und Zinsen in dieser Epoche geprägt.

Die Gedanken des Aristoteles finden in der Gegenwart ebenfalls neue Beachtung. Ulrich Duchrow stellte 1994 nach einer Sichtung aktueller Neuerscheinungen zum Thema Kapitalismuskritik fest:

> *Alle Autoren setzen das Wirtschaften zum Zweck der Geldvermehrung als die Wurzel der modernen Naturzerstörung an. Interessanterweise knüpfen sie fast alle an Aristoteles' Unterscheidung von Hauswirtschaft zur Deckung des lebensnotwendigen Bedarfs und der chrematistischen Warentauschwirtschaft zum Zwecke der grenzenlosen Geldvermehrung an.[87]*

Die Reichweite der ökonomischen Analyse von Aristoteles geht also bis in die Gegenwart. Bezogen auf die Geschichte kann das Gewinnstreben im Unterschied zum Versorgungsprinzip als ein wichtiges treibendes Moment angesehen werden:

> *Die Grundstruktur der Wirtschaft ist [...] seit der Antike die gleiche geblieben: Es ist die erwerbswirtschaftlich geprägte Geld- und Marktwirtschaft, deren Triebfeder das Gewinnstreben ist.[88]*

4.2. Die Kirchenväter und die Zinsnahme

Die Stellung der sogenannten *Kirchenväter* zur Zinsnahme ist durchweg ablehnend. In den ersten Jahrhunderten nach

---

[86] Xenophon strengt die verstärkte Nutzung der neuen wirtschaftlichen Dynamik an, während Platon reformerische Gedanken entwickelte (vgl. Binswanger, 1995, a.a.O., S. 28ff.).

[87] Duchrow, Ulrich, 1994, a.a.O., S. 88.

[88] Binswanger, 1995, a.a.O., S. 34.

Christi Geburt und Wirken verortet, handelt es sich bei den Kirchenvätern um „frühchristliche Schriftsteller, die in der Kirche als verbindliche Lehrzeugen gelten"[89]. Kraft ihrer Autorität waren sie sich darin einig, daß das Zinsnehmen nicht zu tolerieren ist. Differenziert wurde allerdings zeitweise nach Klerikern und Laien.

Ein kurzer Überblick zur Stellung der Kirchenväter zum Zins findet sich bei Le Goff:

> *Die Kirchenväter verhehlen ihre Verachtung für die Wucherer keineswegs. Die Kanontafeln der ersten Konzilien verbieten den Geistlichen den Wucher (20. Kanon des Konzils von Elvira, um 300; 17. Kanon des Konzils von Nikäa, 325 n. Chr.), später wird das Verbot auch auf Laien ausgedehnt (Konzil von Clichy im Jahre 626).*[90]

Die Begründung der ablehnenden Haltung gegenüber dem Zins stützt sich regelmäßig auf die entsprechenden Texte der Hebräischen Bibel.

> *Das Zinsnehmen wurde [...] von den Vätern schlechthin und ohne Ausnahme verworfen, sowohl den Reichen als den Armen gegenüber, sowohl wenn es mit Mass als wenn es ohne Mass getrieben wurde. Die Begriffe Zins und Wucher fielen ihnen zusammen und diese Auffassung ergab sich für sie mit einer gewissen Nothwendigkeit, indem sie bei ihrer Betrachtung vom alten Testament ausgingen [...].*[91]

In den Synoden (bzw. Konzilien) wurden entsprechende Regelungen aufgestellt. Eine umfassende Auflistung dieser Synoden und die Darstellung der gefaßten Beschlüsse findet sich bei Franz Xaver Funk.[92]

Diese Regelungen zum Zinsverbot nennen auch die Strafe bei Übertretung:

---

[89] So die Definition im Schülerduden „Die Religionen", hg. von der Redaktion für Religion und Theologie des Bibliographischen Instituts, Mannheim, Wien und Zürich 1977, S. 224.

[90] Le Goff, 1988, a.a.O., S. 21.

[91] Funk, Franz Xaver, Geschichte des kirchlichen Zinsverbotes, Tübingen 1876, S. 6.

[92] Funk, 1876, a.a.O., S. 9.

[...] die Synode von Elvira v. J. 306 bedrohte das Zinsnehmen bei den Laien mit der Excommunication.[93]

Trotz dieser Strafandrohung sieht Funk aber gerade in der oftmaligen Undurchführbarkeit des Zinsverbotes den Grund für die Differenzierung der Regelungen für Kleriker auf der einen und für Laien auf der anderen Seite.[94]

Spätestens mit Karl dem Großen als weltlichem Herrscher wird diese Differenzierung nicht mehr gelten gelassen:

Vor allem Karl der Große verbietet kraft seiner geistlichen und weltlichen Gesetzesgewalt schon 789 mit der Admonitio generalis von Aachen den Wucher Klerikern wie Laien.[95]

Der Blick auf die Einschätzung der Zinsen in den ersten Jahrhunderten n.Chr. sei beendet mit einem Papstausspruch zum Thema:

Bereits Mitte des 5. Jahrhunderts prägte Papst Leo I., der Große, jenen Ausdruck, der durch das ganze Mittelalter nachhallt: Fenus pecuniae, funus est animae. ('Des Geldes Zinsgewinn ist der Seele Tod').[96]

4.3. Die Scholastik und der Zins

Unter dem Begriff *Scholastik* wird die mittelalterliche Theologie und Philosophie verstanden, die sich im christlichen Abendland ab dem 9. Jahrhundert ausprägte und die ihren Höhepunkt im 13. Jahrhundert fand.

Inhaltlich ist sie gekennzeichnet durch die Verbindung der christlichen Offenbarungslehre mit philosophischem Denken, methodisch durch die scholastische Methode: klares Herausarbeiten der Frage, scharfe Abgrenzung und

---

[93] Ebenda, S. 7.
[94] Vgl. ebenda, S. 8.
[95] Le Goff, a.a.O., S. 21.
[96] Ebenda, S. 31.

Unterscheidung der Begriffe, logisch geformte Beweise sowie Erörterung der Gründe und Gegenstände in formgerechter Disputation. Die dialektische Schulung findet ihr Gegengewicht in der Hochschätzung der Autoritäten und im Anknüpfen an die antike und die christliche Überlieferung. Grundsätzlich geht die Scholastik, vor allem die an Aristoteles ausgerichtete Scholastik, von der Erfahrung aus.[97]

Wichtige Vertreter der Scholastik waren u.a. *Thomas von Aquin* (1225-1274), *Bonaventura* (1221-1274) und *Anselm von Canterbury* (1033-1109). Ihr Anliegen war, das bisherige Wissen zu sammeln, zu überdenken und zu einem stimmigen Gesamtsystem und philosophischen Gedankengebäude zusammenzubringen.

In der Zinsfrage weist der enge Bezug auf Aristoteles den Weg der Scholastiker. Thomas von Aquin beantwortet die Frage nach der sittlichen Berechtigung des Zinsnehmens folgendermaßen:

Ist es Sünde, Geld zu nehmen als Bezahlung für geborgtes Geld, was dasselbe ist wie Zins nehmen? Zins nehmen für geborgtes Geld ist an sich ungerecht; denn es wird verkauft, was nicht ist, wodurch ganz offenbar eine Ungleichheit gebildet wird, die der Gerechtigkeit entgegen ist.[98]

Aber es sind nicht nur philosophische Fragen nach der Gerechtigkeit, die die Scholastiker beim Thema Zins und Wucher beschäftigen. Gerade handfeste ökonomische Probleme werden zur Grundlage der scholastischen Ablehnung von Zinsen und Wucher :

Die Zunahme der Verurteilungen des Wuchers von der Mitte des 12. bis zur Mitte des 13. Jahrhunderts erklärt sich durch die Befürchtung der Kirche, die Gesellschaft werde durch die starke Vermehrung von Wucherpraktiken tiefgreifend verändert. Das

---

[97] dtv-Lexikon, erarbeitet nach Unterlagen der Lexikon-Redaktion des Verlages F.A. Brockhaus, Bd.16, München 1975, S. 187.

[98] Le Goff, a.a.O., S. 26.

Dritte Laterankonzil (1179) weist darauf hin, daß zu viele Menschen Stand und Beruf aufgeben, um Wucherer zu werden. Im 13. Jahrhundert befürchten Papst Innozenz IV. und der große Kanoniker Hostensis die Verödung der Felder, weil die Bauern entweder selbst Wucherer werden oder von den Grundherren, die ihrerseits der Versuchung des Gewinns durch Wucherzinsen erlagen, ihres Viehs und ihrer Gerätschaften beraubt werden. Die Verlockung des Wucherns beschwört die Gefahr eines Rückgangs der Landnahme und -bewirtschaftung herauf und damit das Gespenst der Hungersnöte.[99]

Die Scholastik versuchte, die theoretisch-philosophischen Erkenntnisse auch für die Praxis des täglichen Lebens handhabbar zu machen.

Die scholastischen Theologen kommen zwar darin überein, daß der Darlehenszins als solcher Wucher sei. Aber die Anschauung der Schule war nicht immer das Urtheil des Lebens und zudem bestand unter den Theologen eine Reihe von Differenzen in untergeordneten Punkten, wenn sie auch in der Hauptsache übereinstimmten.[100]

Der Spagat zwischen zu bewahrender, philosophischer Tradition und den realen Notwendigkeiten des Alltags führt zu einer Reihe von Ausnahmeregelungen, die auf die Wucherer in kasuistischer Weise Anwendung fanden. Als Entschuldigungsgründe für die Zinsnahme werden insgesamt fünf Argumente ins Feld geführt. Die Zinsnahme wurde demnach geduldet,

- wenn aufgrund verspäteter Rückzahlung ein unerwarteter Schaden eintritt;
- wenn durch das Verleihen des Geldes ein größerer Gewinn anderweitig verhindert wird;
- wenn der Wucherzins als Lohn, als Vergütung für Arbeit betrachtet werden kann;

---

[99] Ebenda, S. 23f.
[100] Funk, 1876, a.a.O., S. 1.

- wenn ein Risiko bei der Rückzahlung verbunden ist (Zahlungsunfähigkeit oder Böswilligkeit des Schuldners);
- wenn Gemeinnutz ins Feld geführt wird.[101]

Thomas von Aquin begründet die Ausnahmen folgendermaßen:

Die menschlichen Gesetze lassen manche Sünden ungestraft wegen der Verfassung der unvollkommenen Menschen, bei denen manches nützliche Werk unterbunden würde, wenn alle Sünden streng verboten und mit der entsprechenden Strafe belegt würden. Und deshalb hat das menschliche Gesetz Zins erlaubt, nicht als ob es der Meinung wäre, es sei der Gerechtigkeit gemäß, sondern damit nicht der Nutzen für die vielen (anderen) unterbunden würde.[102]

Die Erfahrungsorientiertheit der Scholastiker kann demnach als erster Schritt weg vom kanonisch festgelegten Zinsverbot angesehen werden.

[...] im Allgemeinen war die Scholastik geneigt, so weit es ihre Theorie gestattete,[103] den Bedürfnissen des Verkehrs entgegenzukommen.

4.4. Rehabilitation durch das Jenseits: Der mittelalterliche Wucherer und das Fegefeuer

Während die Scholastik durch logische Argumentationsführung erste Schlupflöcher für die Zinsnahme eröffnete, entwickelte das religiöse Denken im 12. und 13. Jahrhundert eine neue, erweiterte Vorstellung vom Jenseits, die für die Wucherer von großer Wichtigkeit werden

---

[101] Vgl. Le Goff, 1988, a.a.O., S. 50 und 75f.
[102] Le Goff, 1988, a.a.O., S. 51.
[103] Funk, 1876, a.a.O., S. 40.

wird. Gemeint ist die Vorstellung, daß nach dem Tod nicht nur ein Dualismus zwischen Paradies und Hölle bestehe, sondern – sozusagen als Durchgangsstadium – davor noch das *Fegefeuer* oder *Purgatorium* kommt.

> *Das Christentum ererbt von der Mehrzahl der antiken Religionen ein doppeltes Jenseits der Belohnung und Bestrafung: das Paradies und die Hölle.*[104]

Dieser antike Dualismus spricht Gott die Rolle des guten und gerechten Herrschers zu, der den Menschen straft und dann Satan als dem gefallenen Engel Gottes überantworten kann. Entscheidend für die Zuordnung zu Himmel oder Hölle ist die Frage nach den Sünden der Menschen. Im Jüngsten Gericht spricht Gott bzw. Jesus das Urteil über den Menschen. Gebete und Opfergaben der Lebenden sollen eine Fürsprache für den verstorbenen Menschen darstellen.

> *Als im Laufe des Aufblühens des Abendlandes vom Jahr 1000 bis zum 13. Jahrhundert die Menschen und die Kirche jene vereinfachende Gegenüberstellung von Hölle und Paradies als unerträglich empfanden, waren die Bedingungen gegeben, einen dritten Ort des Jenseits zu be-stimmen, wo die Toten für den Rest ihrer Sünden büßen sollten. Es taucht das Wort purgatorium auf, um diesen endlich bestimmten Ort zu bezeichnen: das Fegefeuer.*[105]

Bezogen auf die Wucherer war sehr eindeutig, daß ihnen das Paradies verwehrt bleiben mußte, solange nur der alte Dualismus von Paradies und Hölle bestand. Dafür wurde regelmäßig der 15. Psalm herangezogen, der unzweideutig nur denjenigen im Zelte Gottes und damit im Paradies weilen ließ, der sein Geld gerade nicht auf Zinsen gab.

Die neue Vorstellung eines Fegefeuers gab nun gerade den Wucherern eine neue Chance:

---

[104] Le Goff, 1988, a.a.O., S. 77.
[105] Ebenda, S. 79.

Wenn sie vor dem Tode ernstlich bereuten und lediglich noch mit läßlichen Sünden oder mit Resten von bereuten, aber noch nicht vollends gesühnten Todsünden belastet sind, werden sie nicht auf ewig verdammt, sondern nur auf Zeit. Sie verbringen eine bestimmte Zeitspanne an einem Ort, Fegefeuer genannt, wo sie vergleichbare höllische Strafen erleiden, die Teufel an ihnen vollziehen.[106]

Da das Fegefeuer nur einen Ausgang, nämlich den zum Paradies hat, kann die Neuerung für die sündhaften Wucherer nachvollzogen werden. Jacques Le Goff spricht von der „Geburt des Fegefeuers"[107].

Die Folge der Geburt des Fegefeuers ist eine extreme Dramatisierung der Todesstunde und des Todeskampfes. Denn unmittelbar nach dem Tod hält Gott über jeden einzeln Gericht und fällt das große Urteil: Paradies, Hölle oder Fegefeuer. Ein individualisierter und verantwortlicher Toter wird individuell abgeurteilt. Der Todeskampf des Wucherers ist daher besonders beängstigend: als Angehöriger eines nach wie vor unerlaubten Berufszweiges und als Individuum ist er ein lebender Verdammter, der dem Schlund der Hölle immer näher kommt. Wird er sich im letzten Moment retten? Eine gräßliche Spannung.[108]

Das Hauptaugenmerk richtet sich jetzt also auf die Reue der Wucherer, denn nur sie eröffnet den Weg über das Fegefeuer in das Paradies. Reue bedeutet aber, daß die erwucherten Zinsen zurückzugeben sind, soweit dies möglich ist. Wenn sich ein Wucherer erst auf dem Sterbebett vom Wucher lossagt, hat die Familie des Verstorbenen die Rückzahlung zu gewährleisten. Vor allem die Frau des Wucherers rückt in das mittelalterliche Interesse, wenn es darum geht, entweder den Mann wieder auf den richtigen Weg zu bringen oder im nachhinein die Dinge wieder ins rechte Lot zu bringen. Auch die Gebete der Angehörigen eines verstorbenen Wucherers sind nicht zu vergessen.

---

[106] Ebenda.
[107] Le Goff, Jacques, Die Geburt des Fegefeuers, Stuttgart, 1984.
[108] Le Goff, 1988, a.a.O., S. 80.

Schwieriger als die Rückzahlung des Geldes, ist das Problem, daß der Wucherer ja auch mit dem Zeitfaktor gehandelt hat.

Der Wucherer hat Zeit verkauft und gestohlen; das kann ihm nur verziehen werden, wenn er den entwendeten Gegenstand zurückgibt. Kann man Zeit zurückgeben oder wiederbringen?[109]

Le Goff stellt die These auf, daß das Frauenbild der Kirche am Beispiel der Witwe des Wucherers besonders deutlich wird.

In all diesen Erzählungen, in denen es um das Ewigkeitslos des Wucherers geht, spielt die Frau eine große Rolle. Sie muß versuchen, ihn zu überzeugen, sein verfluchtes Metier aufzugeben und das Geld, das ihn zur Hölle fahren macht, zurückzuzahlen. In den Exempla [=Beispielerzählungen, A.S.] *folgen viele Frauen von Wucherern diesem Verhaltensmuster. Im allgemeinen wird die Frau des Wucherers als ergreifende und bemerkenswerte Figur dargestellt; sie ist eine Verwandte jener balzacschen Frauenfiguren, die im Schatten halsabschneiderischer Ehemänner oder Väter stehen und bisweilen so terrorisiert werden, daß sie die Männer weder anzusprechen noch gar zu tadeln wagen und nur insgeheim im Gebet um Erbarmen für die Schändlichkeit des Mannes flehen. Das Frauenbild der Kirche ist seit jeher ein doppeltes. Bald verurteilt sie die Frau als Eva, die Adam in Versuchung führt, bald setzt sie in sie ihre Hoffnungen,*[110] *um teuflischen Ehemännern Einhalt und Umkehr zu gebieten.*

Die Umkehr konnte allerdings, und das ist der entscheidend neue Gedanke, weltlichen Reichtum mit ewigem Leben verbinden. Die Fiktion des Fegefeuers, das auf dem Weg ins Paradies passiert werden muß, läßt also ein Schlupfloch für die neuen Finanzpraktiken zu. Es handelt sich ideengeschichtlich sozusagen um ein letztes Hindernis auf dem historischen Weg zum Kapitalismus.

---

[109] Ebenda, S. 83.
[110] Ebenda, S. 86.

Diese Menschen sind Christen; und was sie auf der Schwelle zum Kapitalismus zurückhalten kann, das sind nicht die irdischen Konsequenzen der Verurteilung des Wuchers durch die Kirche, sondern die Angst, die bedrückende Angst vor der Hölle. In einer Gesellschaft, in der jedes Bewußtsein religiöses Bewußtsein ist, sind Hindernisse zuerst – oder zuletzt – religiöser Natur. Die Hoffnung, der Hölle zu entkommen, erlaubte es dem Wucherer, Wirtschaft und Gesellschaft des 13. Jahrhunderts auf ihrem Weg zum Kapitalismus voranzutreiben.[111]

Le Goff faßt aber schmunzelnd zusammen:

Eine Schwalbe macht noch keinen Sommer und ein Wucherer im Fegefeuer noch keinen Kapitalismus.[112]

---

[111] Ebenda, S. 97.
[112] Ebenda.

4.5. Die Reformatoren und ihre Stellung zu Zins und Wucher

Mit der Reformation, 1517 von Wittenberg ausgehend, wurde endgültig das Mittelalter verlassen und die Neuzeit 'eingeläutet'. Die Neugestaltung der religiösen Auffassung von einer dem Evangelium gemäßeren Kirche setzte der Einflußsphäre der katholischen Kirche und insbesondere des Papstes empfindliche Grenzen. *Martin Luther* (1483-1546) prägte in Unterscheidung von der katholischen Ausrichtung auf die Autorität des Papstes den neuen Gedanken vom sogenannten *Priestertum aller Gläubigen*. Diese theologische Grundaussage teilte er mit dem Züricher Reformator *Zwingli* (1484-1531) und dem französisch-schweizerischen Reformator *Calvin* (1509-1564). Aber nicht nur die Gläubigen, sondern auch und gerade die Gläubiger rückten ins Blickfeld des Interesses der Kirchenrebellen: Die sich mehr und mehr ausbreitende Geldwirtschaft in der beginnenden Neuzeit drängte die kirchlichen Erneuerer zu begründeten Antworten auf die Frage, wie mit Zins und Wucher im Geldverkehr umzugehen sei. Inwiefern die neu entwickelten religiösen Ansichten der drei Reformatoren auch ihre jeweilige wirtschaftsethische Position zur Zinsnahme beeinflußt haben, soll im folgenden dargestellt werden.

4.5.1. Wider den Wucher: Luther und der Zins

Bereits zwei Jahre nach Luthers berühmtem Thesenanschlag in Wittenberg, nämlich 1519, erscheint die Schrift *Sermon von dem Wucher*. Neben dieser Abhandlung gibt Luther zwei Jahrzehnte später, im Jahre 1540 die Schrift *An die Pfarrherrn widder den Wucher zu predigen. Vermahnung D. Martini*

Luther[113] heraus. Ausgehend vom Liebesgebot der Bergpredigt weist Luther das Wirtschaften mit Geld nur um des Geldes willen zurück. Aus Mt. 5, 42 (*Gib dem, der dich bittet, und wende dich nicht von dem, der dir abborgen will.*) begründet er hauptsächlich seine ablehnende Haltung gegenüber dem Zins, der für ihn deshalb auch automatisch immer einen Wucher darstellt. Luther differenziert also nicht zwischen Zins und Wucher und steht damit in der mittelalterlichen Tradition der *Unfruchtbarkeit des Geldes*, die sich auf Aristoteles bezog.[114] Ebensowenig differenziert Luther zwischen einem *Konsumptivdarlehen*, das zum Zwecke des Lebensunterhalts sofort verbraucht wird, und einem *Produktivdarlehen*, bei dem das geliehene Geld für ein wirtschaftliches Vorhaben konstruktiv und vermutlich gewinnabwerfend eingesetzt wird. Stattdessen betont Luther die Brisanz der Situation, daß der Zinsnehmer (bei ihm grundsätzlich Wucherer genannt) ohne eigene Leistung vom mühsamen Arbeitseinsatz des Schuldners lebt.

> *Der Wucher ist ein Unrecht am Mitmenschen und verursacht viel Leid, denn der Wucherer kann sich auf Kosten anderer einen Reichtum zusammenraffen, ohne eine entsprechende Arbeit zu leisten oder Gefahren auf sich zu nehmen; er läßt den Schuldner das Risiko und die Schwierigkeiten allein tragen, sitzt indessen zu Hause hinter dem Ofen und brät seine Aepfel.*[115]

Kein Wunder also, daß der Zinsnehmer von Luther als ein *dieb, reuber und morder*[116] bezeichnet wird.

Mit dem Liebesgebot als Grundlage, läßt Luther allerdings Ausnahmen von der Stigmatisierung des Wuchers zu. Wenn das Motiv des Geizes und der einseitigen Vorteilnahme fehlt, sieht der Reformator keinen Grund darin, von drohender

---

[113] Vgl. Ramp, Ernst, 1949, a.a.O., S. 23.
[114] Calvin wird im Gegensatz zu Luther nur dann von Wucher sprechen, wenn ein maximaler Zinssatz überschritten ist, vgl. Kap. 4.5.3.
[115] Ramp, 1949, a.a.O., S. 30 mit teilweiser Zitierung von Luther, vgl. Fußnote 35.
[116] Vgl. ebenda, Fußnote 34.

Mammonsherrschaft (nach Mt 6, 24) zu reden. Dieser Sonderfall liegt vor allem beim sogenannten *kleinen Wucherlin* oder beim *Notwucherlin* vor.[117] Als Beispiel für einen Notwucher seien Luthers Briefe an Frau Dorotea Jörger vom 7.März 1532 genannt.

Diese Frau anerbot Luther 500 Gulden zur Verfügung zu stellen mit der Bedingung, daß der Zins für die Unterstützung armer Theologiestudenten Verwendung finden sollte.[118]

Luther akzeptiert dieses Angebot und schlägt einen Zins von fünf Prozent vor. Der Ausnahmecharakter wird allerdings betont, und eine Übertragbarkeit des Falles auf Darlehen anderer Art wird verneint.

Die Kapitalanlage wird von Luther nicht abgelehnt, sie sollte jedoch eine Ausnahme bilden, ansonst die Gefahr bestände, daß zuletzt alles Land mit Schulden belastet würde.[119]

Die Zinsnahme wird demnach als ein brisantes soziales Problem angesehen und ist für Luther aus dem Glauben heraus abzulehnen.

Das Zinsverbot im Sinne des Mittelalters war ein Rechtsgebot, das allerdings auf jede erdenkliche Weise umgangen wurde; in der Auffassung Luthers dagegen ist das Zinsverbot eine Gehorsamstat des Glaubenden, eine aus dem Geist Gottes gewirkte Äußerung christlicher Liebe und damit die Voraussetzung für ein wahres christliches Gemeinschaftsleben. Der Vorwurf, Luther sei nicht über die mittelalterliche Vorstellung hinausgekommen, ist deshalb nicht nur vom sachlichen, sondern auch vom theologischen Standpunkt aus gesehen unrichtig.[120]

Die Einschätzung und Bewertung von Luthers Wucherlehre variiert vom Vorwurf der veralteten Sicht der neuzeitlichen Wirtschaft bis zu positiven Würdigungen. Eine ausführliche

---

[117] Ebenda, S. 35.
[118] Ebenda, S. 36.
[119] Ebenda, S. 37.
[120] Ebenda, S. 42.

Darstellung dieser verschiedenen Rezeptionen findet sich bei Ernst Ramp.[121]

Im Kontext von Luthers Äußerungen zum Zins, der für ihn automatisch auch immer Wucher darstellte, dürfen seine Äußerungen in Richtung der Juden nicht außer acht gelassen werden. In mehreren Schriften 'wettert' er regelrecht gegen die Juden und bezichtigt sie der Lüge und des Wuchers. In welchem Gesamtzusammenhang diese Äußerungen stehen, hat der spätere Exkurs zum Thema Juden und Zinsnahme zu klären.[122]

Luthers klare Ablehnung der Zinsnahme und seine damit verbundenen Streitschriften an die Pfarrherrn, aber auch an die Juden, widersprechen eigentlich seiner eigenen Einteilung der Welt einerseits in das geistliche und andererseits in das weltliche Regiment. Die *Zwei-Reiche-Lehre* Luthers mit der damit verbundenen Trennung von privater Ethik und der Handlungsweise des Staates, lassen nach seinen Aussagen zum Thema Wucher die Frage offen, wo denn eigentlich der Bereich der Wirtschaft in einem solchen Dualismus zu finden ist und ob nicht gerade die (geld-) wirtschaftliche Nichttrennbarkeit des Privaten vom Staatlichen diese Zweiteilung der Welt nicht in frage stellen müßte. Für die Wirkungsgeschichte, die bis heute die Ökonomie von der Religion trennt, wurden bei Luther die Weichen gestellt.

War nicht gerade der sich als „unpolitische Natur"[123] verstehende Luther ein hochgradig politischer und auch in der Zinsfrage polarisierender Mensch?

---

[121] Ebenda, Fußnote 52, S. 38ff.
[122] Vgl. Kap. 5.3.
[123] Ramp, 1949, a.a.O., S. 101.

4.5.2. Zwingli und die Bezwingung des Zinses

Im Gegensatz zu Luther beteiligt sich Zwingli intensiv an einer staatlichen Einschränkung der Zinsnahme. Bei der gesetzlichen Gestaltung des Geldverkehrs in Zürich ist Zwingli stark involviert.[124]

Dabei argumentiert Zwingli ähnlich wie Luther gegen den Zins. Er hält ihn für ein *unbillich gyt*[125] und mit biblischem Bezug auf das Liebesgebot sogar für „ungöttlich"[126]. Der Kern seiner Argumentation bezieht sich auf die Welt als geschenkte Gabe Gottes:

> *Weil Gott den Menschen die Güter dieser Welt unbelastet und ohne Entgelt gegeben hat, steht dem Menschen kein Recht zu, seinerseits den anvertrauten Besitz gegen Zins auszuleihen. Aus diesen Erkenntnissen heraus folgert Zwingli, daß alle Zinse ungöttlich sind.*[127]

Im praktischen Wirtschaftsleben sieht Zwingli allerdings die Gefahr, daß bei einer radikalen eigenmächtigen Zinsablehnung die Gefahr besteht, daß das Vertragsrecht zuungunsten der Geldbesitzenden ausgelegt wird und daß das Vertrauen in die Verträge sinkt. Einer Willkür möchte Zwingli nicht Tür und Tor öffnen, zumal er in diesem Zusammenhang die Wichtigkeit des Diebstahlsverbots aus dem Dekalog betont.

> *Die Ablehnung der Schuld- und Zinsverpflichtung wäre nicht nur eine ungerechtfertigte Schädigung des Gläubigers, sondern auch eine ungerechtfertigte Bereicherung des Schuldners. [...] Die Neuordnung des Zinswesens muß deshalb für Zwingli grundsätzlich auf legalem Boden vor sich gehen, wobei die*

---

[124] Auch für Calvin ist diese politiknahe, weltliche Haltung zu attestieren, vgl. Kap. 4.5.3.
[125] Ramp, a.a.O., S. 63.
[126] Ebenda, S. 60.
[127] Ebenda, S. 63.

Obrigkeit die bezüglichen Maßnahmen zu treffen hat. Jedes eigenmächtige Handeln ist vor Gott und den Menschen Unrecht.[128]

Folgerichtig unterbreitet der Züricher Reformator mehrere konkrete Vorschläge, wie der Wucher zu unterbinden bzw. in eingeschränkten, geregelten Bahnen verlaufen kann.

Zwinglis ganzes Bemühen geht dahin, eine gänzliche Bodenentschuldung durchzuführen, um auf diese Weise auch den Zins überwinden zu können. Darum weist er die Obrigkeit darauf hin, daß sie keine Darlehen zu 5 Prozent auf das Erdreich hätte zulassen dürfen, wenn sie ihre Pflicht getreu erfüllt hätte.[129]

Zwingli ist dennoch durchaus bewußt, daß es dauern würde, den Zustand der Überwindung der Zinsen zu erreichen.

Für die Übergangszeit, das heißt bis die Entschuldung und die damit verbundene Beseitigung der Zinsen durchgeführt ist, gibt Zwingli folgende Weisung: Wo die allgemeine Übereinkunft den Zinskauf zuläßt, da muß der Schuldner ihm korrekt nachkommen. Ein Zins von 5% muß getragen werden, wenn dieser auch keine Grundlage in Gottes Wort hat. Falls jedoch der Zins höher als 5% angesetzt wurde, ist die Obrigkeit verpflichtet, dem Schuldner beizustehen, um eine Reduktion des Zinsfusses auf 5% zu erwirken, und zwar auch dann, wenn der Zins mit obrigkeitlicher Bestätigung festgelegt worden war.[130]

Als praktische Übergangslösung und nicht als Rechtfertigung der Zinsnahme gedacht, konnte Zwingli diese Thesen in die Züricher Gesetzgebung einbinden.

Für die Bauern und ihre Abhängigkeit von einem möglichen wetterbedingten Ausfall der Ernte lehnt Zwingli einen starren, darauf nicht eingehenden Zins ab und schlägt stattdessen „Fruchtteilabgaben" vor, „da diese die gerechteste Form der

---

[128] Ebenda, S. 67.
[129] Ebenda, S. 69.
[130] Ebenda, S. 72.

Zinse seien"[131]. Mißernten werden auf diese Weise in ihrer Brisanz für verschuldete, zahlungspflichtige Bauern nicht noch weiter verschärft.

Die Idee des Früchtekaufes und die damit verbundenen Beteiligung des Gläubigers an den Ausfällen des Schuldners wird auf den Konzilien von Konstanz und Basel abgelehnt, was Zwingli zu harscher Empörung bringt:

> *Voll Unmut redet er von den falschen Pfaffen und fragt sich, wie diese verlogenen Schwätzer es nur hätten wagen dürfen, in der Weise vom Fruchtteil zu reden und zu handeln. Es wäre ihre Aufgabe gewesen, gegen eine solche Auffassung vom Früchtekauf aufzutreten [...].*[132]

Der Gerechtigkeitsauffassung Zwinglis, nach der gesetzlich festgelegte Regeln grundsätzlich immer zu beachten sind, tut diese Niederlage keinen Abbruch.

> *Der Christ ist in den Dingen der Welt zur Leidensbereitschaft verpflichtet. Aus diesem Grunde kann der Christ auch in einer widergöttlichen Ordnung recht leben, weil er einerseits das Unrecht trägt, andererseits das Böse nicht tut. Selbsthilfe durch Aufruhr oder Verweigerung der Erfüllung eingegangener Verpflichtungen lehnt Zwingli grundsätzlich ab.*[133]

Abschließend seien allerdings die Zinsgesetze genannt, auf die Zwingli intensiven Einfluß zur Regulierung und Minimierung des Wuchers genommen hat: Die Gesetze vom 9. Oktober 1529 und diejenigen vom 2. März 1530.[134] Hier werden Zwinglis Grundüberlegungen zum Zins zum großen Teil Wirklichkeit, so daß durchaus von einer Bezwingung des Zinses durch Zwingli gesprochen werden kann.

---

[131] Ebenda, S. 74.
[132] Ebenda, S. 75f.
[133] Ebenda, S. 78.
[134] Vgl. ebenda, S. 79 u. 81.

4.5.3. Calvin:
Umgehen mit Wucher *wie der Apotheker mit Gift*

Auch Calvin setzt sich im Bereich der Gesetzgebung für eine Regulierung der Zinsen ein. An seinem Wirkungsort Genf traf er dafür auf vorbereiteten Boden: Es gab zu seiner Zeit bereits gesetzlich vorgeschriebene Zinsobergrenzen von 5%, und auch der Umgang mit Wucherern war durch Regeln eingegrenzt.[135] An diese vorgefundenen Gesetze 'hängt' sich Calvin allerdings nicht einfach an, sondern er entwickelt eigene, das Grundsätzliche der Zinsnahme hinterfragende Argumente. Biblisch bezieht er sich wie die anderen Reformatoren vordringlich auf Lk 6, 35, also auf die Aufforderung zu leihen, ohne etwas zurückzuerwarten.

Der Christ steht Gott und dem Nächsten gegenüber in einer andern Verantwortung als das Weltkind, denn während die Weltkinder ihre Freunde lieben, denen helfen, von welchen sie eine Belohnung erwarten und an ihresgleichen leihen, damit sie das Geliehene wieder zurückempfangen, verlangt Christus von den Seinen, daß sie die Feinde lieben, umsonst Wohltaten erweisen, umsonst leihen und eine lautere Freigebigkeit beweisen. Die Freigebigkeit, die allerdings nichts zu tun hat mit törichter Verschwendung oder einem blinden Hinauswerfen dessen, was der Herr gegeben hat, ist ein Stück Gerechtigkeit.[136]

Die Relevanz der Bestimmungen der Hebräischen Bibel dient Calvin nicht vorrangig bei seiner Einschätzung der Problematik des Zinsnehmens.

Die alttestamentlichen Gebote und Vorschriften haben für den Christen nur dann eine Bedeutung, wenn sie sich unter eines der zehn Gebote (Dekalog) einordnen lassen.[137]

---

[135] Vgl. ebenda, S. 82.
[136] Ebenda, S. 83f.
[137] Ebenda, S. 83.

Für die Beurteilung der Zinsen gewinnt deshalb das achte Gebot mit der Aufforderung, nicht zu stehlen, an Bedeutung. Im Sinne der Goldenen Regel aus Mt 7, 12 muß es bei einem Leihgeschäft immer um eine unbenachteiligte Stellung beider Vertragspartner gehen. Der Schuldner ist genauso vor Willkür zu schützen wie der Gläubiger. Aber Calvin differenziert zwischen den jeweiligen Beweggründen der Schuldner: Ein Notdürftiger, der ein Darlehen für das nackte Überleben benötigt ist nach seiner Argumentation eben nicht mit einem wohlhabenden Darlehensnehmer zu vergleichen, der für ein rentables Geschäft gerade nicht über genügend eigene Mittel verfügt und deshalb ein Darlehen aufnimmt. Bei ersterem wäre es einem Christen selbstverständlich untersagt, Zinsen für das Darlehen zu nehmen, während es für Calvin im zweiten Fall als durchaus legitim erscheint, einen Zins zu fordern, zumal das Darlehen in diesem Fall ja für ein potentiell gewinnbringendes Geschäft eingesetzt wird. An diesem Gewinn sei der Gläubiger durchaus zu beteiligen. Calvin unterscheidet hier also das klassische Konsumptivdarlehen vom ebenso klassischen Produktivdarlehen. Man merkt seine Nähe zur Welt der Gewerbetreibenden und auch die mit der Prädestinationslehre verbundene Auffassung, daß auch das wirtschaftliche Handeln des Menschen vorherbestimmt und deshalb gesegnet sei.

In einer solchen Argumentationskette ist es folgerichtig und gedanklich stringent, nun auch zwischen Zins und Wucher zu unterscheiden. Während Luther und Zwingli diese beiden Begriffen noch immer synonym benutzen, differenziert Calvin zwischen dem gemäßigten Zins, der dem Geschäftsverkehr nur dienlich sein kann und dem Wucher, der nach wie vor verwerflich ist, aber eigentlich nur noch einen übertriebenen

Zins darstellt. Die Grundsatzfrage nach der sittlichen Berechtigung von Zinsen überhaupt fällt an dieser Stelle weg.

Wenn z.B. der Schuldner Ausflüchte macht und damit dem Gläubiger Mühe und Kosten verursacht, soll er dann wirklich von seinem böswilligen und betrügerischen Verfahren noch Gewinn haben? Damit tritt Calvin in bewußten Gegensatz zur herkömmlichen Auffassung von der Unfruchtbarkeit des Geldes. [...] Diese These wird von Calvin als unhaltbar und unrichtig energisch abgelehnt. [...] Das Geld ist ertragreich in Kauf und Verkauf von Waren, denn mit Geld kann man sehr einträgliche Geschäfte machen.[138]

Anhand dieser Argumentation läßt sich erahnen, wie sehr Calvins Einstellung zum Zins und seine Unterscheidung von Zins und Wucher der modernen Auffassung dieser Begriffe nahekommt. Allerdings nimmt in seiner Einschätzung der Dinge die Kritik an den Wucherpraktiken breiten Raum ein. So werden die zahlreichen Umgehungsgeschäfte von ihm ausdrücklich als verwerflich gebrandmarkt. Sich über den Umweg einer hohen, dem gewährten Darlehen unangemessenen Hypothek praktisch doch einen Wucher einzuräumen oder über vereinbarte wucherische Warentauschgeschäfte doch zu unangemessenen Zinssätzen zu kommen, widerspricht für Calvin schlicht und einfach der gleichberechtigten Stellung der Vertragspartner im Leihwesen. In einer detaillierten Auflistung nennt Calvin sieben Ausnahmen, in denen jeglicher Zinsbezug abzulehnen ist. Diese Ausnahmeregelungen sind geprägt von der Rücksicht auf den jeweils schwächeren Vertragspartner und betonen, daß das Geschäftsleben keine Schieflage zugunsten einer der beiden Seiten bekommen darf. Die Rechte der Armen werden besonders geachtet.[139]

---

[138] Ebenda, S. 88f.
[139] Diese sieben *exceptions* finden sich in vollem Wortlaut bei Ramp, 1949, a.a.O., S. 90f.

Durch die Betonung des rechten Maßes bei der Zinsnahme und der damit verbundenen Abgrenzung zum Begriff des Wuchers faßt folgendes Zitat Calvins Stellung zum Zins am treffendsten zusammen:

Calvin geht mit dem Wucher um wie der Apotheker mit Gift.[140]

Es kommt demnach alles auf die Dosierung an. Ob die einzelnen Dosen des nun durchaus tolerierten Zinses nicht auch dem Entstehen des Kapitalismus Vorschub geleistet haben, wäre ein untersuchenswerter (neuer?) Aspekt im durch Max Webers Thesen vieldiskutierten Beziehungsgeflecht von Calvinismus und Kapitalismus.[141]

Ob der 'Geist des Kapitalismus' nicht nur durch das calvinistische Arbeitsethos, sondern auch durch Calvins Auffassung vom Zins (im Sinne eines 'Geldethos') geprägt wurde, ist zu fragen. Der Bruch mit der jahrhundertelang gültigen Annahme des Aristoteles von der *Unfruchtbarkeit des Geldes* stellt die Weichen eindeutig in Richtung Neuzeit.

4.6. Melanchthon, Salmasius und Grotius: Weichenstellungen zur Marginalisierung der Zinsfrage im 16. und 17. Jahrhundert

Nach Luthers Tod 1546 schwindet in der Frage der theologischen Einschätzung der Zinsen der Einfluß des Reformators. Verantwortlich für diese Entwicklung ist vor allen Dingen sein Hauptmitarbeiter *Melanchthon* (1497-1560), dessen Bewertung der Wucherfrage im offenkundigen Ge-

---

[140] Ebenda, S. 99. Danach handelt es sich hier um ein Zitat aus dem Werk *A Treatise of Usurie* von Roger Fenton aus dem Jahre 1612.

[141] Vgl. Weber, Max, Die protestantische Ethik und der Geist des Kapitalismus, in: Die protestantische Ethik I. Eine Aufsatzsammlung, hg. v. Johannes Winckelmann, Gütersloh 1991, S. 27ff.

gensatz zu Luther steht. Luther hatte ab 1540 den Kampf gegen den Wucher wieder aufgenommen,

> *währenddessen Melanchthon gleichzeitig die Studenten in seinen philosophischen und theologischen Vorlesungen zu ganz anderen Anschauungen erzog.*[142]

Diese ganz anderen Anschauungen Melanchthons sahen keinen Anlaß, die Zinsnahme grundsätzlich zu hinterfragen. Zinsen seien nach Melanchthons Einschätzung durchaus berechtigt und mit den kirchlichen Gesetzen, dem kanonischen Recht, vereinbar. Als Humanist stellte Melanchthon im Gegensatz zu Luther hauptsächlich das römische Recht in den Mittelpunkt seiner Begründungen. Das mosaische Recht hatte bei ihm keine so entscheidende Bedeutung wie bei Luther.

> *Jede Frage, die sich auf dem Zwischengebiet von Recht und Sittlichkeit bewegt, ist für Melanchthon schon dadurch entschieden, daß das römische Recht eine bestimmte Lösung verträgt. Dies hatte zur Folge, daß die Antriebe, die aus der lutherischen Auffassung des Sittlichen für eine Weiterbildung des Rechtes entspringen konnten, wie die von Luther erhoffte allgemeine Neuordnung des Zinswesens durch die Fürsten, erstarben.*[143]

Die *Zwei-Reiche-Lehre* Luthers tat ihr übriges bzw. schuf erst die Voraussetzungen, unter denen Melanchthons Argumentation Auswirkungen zeigen konnte. Mit der Einteilung der Welt in ein geistliches und ein weltliches Regiment wurde der Bereich der Wirtschaft zu einem theologisch irrelevanten Areal.

> *Die lutherische Kirche überliess die Wirtschaft der rechtlichen Regelung durch den Staat und verzichtete auf eine eigene selbständige Meinung in diesen Dingen. Trotz Luthers Kampf gegen den Zins bzw. Wucher zeigte sich, daß der Einfluß*

---

[142] Ramp, 1949, a.a.O., S. 103.
[143] Ebenda.

Melanchthons in der Stellung der lutherischen Kirche zur Zinsfrage entscheidend geworden war. Dazu kam die Wirkung des immer stärker sich durchsetzenden kapitalistischen Zeitgeistes, der sich gegen das Zinsverbot als hindernde Schranke des Wirtschaftslebens auflehnte.[144]

Die von den Fürsten nach Luthers Tod erlassenen Gesetze zur Zinsfrage spiegeln diese Entwicklung eindeutig wider: Das Verbot der Zinsnahme wird zwar nicht vollkommen aufgehoben, aber stark eingeschränkt. Beispiele dafür sind die Regelungen in *Kurhessen* 1550, *Mecklenburg* 1562 und *Preussen* 1569[145], in denen zumeist ein Zinsmaximum von 5% eingeführt wird.

Seit 1580 billigte auch das Reichskammergericht regelmäßig 5% Konventionalzinse zu, und 1600 wurde die Berechtigung des Konventionalzinses reichsrechtlich geregelt. Nach dem Dreissigjährigen Kriege erwies es sich als notwendig, mit Rücksicht auf die unermeßlich gestiegene Verschuldung den Schuldnern Erleichterungen zu gewähren. Im Reichsabschied von 1654 wurden die Zinse für die durch den Krieg bedrückten Schuldner auf 5% beschränkt.[146]

Mit der gesetzlichen Regelung von 1654 verändert sich auch der Sprachgebrauch der Begriffe Zins und Wucher:

Von 1654 an bezeichnete man als Wucher nur noch den Zins über 5 bzw. 6 %.[147]

Das aus dem Mittelalter in die Neuzeit hineingetragene kanonische Zinsverbot wurde mit der neuen Regelung ab 1654 endgültig abgelöst.

Im 17. Jahrhundert erfolgte eine weitere entscheidende Weichenstellung gegen die Kritik am Zinsnehmen. Sie kam von *Claudius Salmasius* (auch *Claude de Saumaise* genannt,

---

[144] Ebenda, S. 103f.
[145] Vgl. ebenda, S. 104 und Funk, 1876, a.a.O., S. 61f.
[146] Ramp, a.a.O., S. 104.
[147] Ebenda, S. 105.

1588-1653). Als Professor in Leiden arbeitete er die zukünftige Entwicklung prägende Thesen zur Zinsfrage aus.

In seiner Schrift De usuris *von 1638 weist er nach, daß das Zinsnehmen nicht der Billigkeit widerspreche. Den Stand der Lombardiers* [=Bankiers, A.S.] *hält er für die Wirtschaft als schlechthin nötig. Wohl ist die christliche Liebe die höchste Form der Sittlichkeit; Folgerungen daraus für das Wirtschaftsleben zu ziehen, lehnt er jedoch ab.*[148]

Eine vergleichbare Argumentation zum Thema Zinsnahme erfolgte durch den niederländischen Rechtsgelehrten und Staatsmann *Hugo Grotius* (1583-1645). Beide, Salmasius und Grotius, prägen die wissenschaftliche Auseinandersetzung um den Zins, an dessen Ende die Marginalisierung dieses ehemals zentral wichtigen Themas steht.

Salmasius kann für den Protestantismus erst als Wendepunkt in der Zinsfrage betrachtet werden, indem er von der Wissenschaft her dem Zins eine sittliche Berechtigung zuerkannte. [...] Der Zins wurde befreit vom Odium der Sündhaftigkeit, und die Wirtschaft konnte ihn – unbehindert von Theologie und Moral – zu der unerhörten Bedeutung der modernen Volkswirtschaft entwickeln.[149]

Georg Wünsch faßt das Wirken der beiden Gelehrten in seiner „Evangelischen Wirtschaftsethik" aus dem Jahr 1927 folgendermaßen zusammen:

Die eigentliche Profanisierung und damit 'Befreiung' des gesamten geldwirtschaftlichen Gebietes haben endgültig Salmasius und Hugo Grotius vollzogen. Damit trat die Zinsfrage aus dem Kreis religiös-sittlicher Normierungen heraus, sie wurde 'eigengesetzlich' und damit erst war die Vorbedingung für den modernen Kapitalismus gegeben, wie sich der Frühkapitalismus praktisch ja nicht durch theologische Argumente hatte hindern lassen; die Kirchenzucht gegen Wucher war ja immer laxer geworden. Seit Salmasius ist die Frage des sittlichen Rechtes des

---

148 Ebenda, S. 109.
149 Ebenda.

Zinsgenusses in der protestantischen Theologie nie mehr ernstlich geprüft worden, von einigen begeistert sozialen Pfarrern abgesehen, die aber keinerlei ernstliche Wirkung entfaltet haben. Das geschäftliche Recht und die Notwendigkeit der Zinswirtschaft erwiesen sich mit solcher Kraft, daß ein moralisches Verbot nur die Unmöglichkeit eben dieser Moral, aber nicht der Zinswirtschaft dargetan hätte.[150]

Der Vollständigkeit halber sei noch der Verlauf der Veränderungen in der Einstellung zur Zinsfrage innerhalb der katholischen Kirche dargestellt:

In mehreren Synoden beklagt die katholische Kirche im ausklingenden 16. und beginnenden 17. Jahrhundert, daß das Bewußtsein für die Sündhaftigkeit der Zinsnahme mehr und mehr verschwunden sei. Zu nennen sind die Synoden von *Bordeaux* (1583), *Brixen* (1603) und *Osnabrück* (1628).

Die Synode von Bordeaux (1583) erklärt, Zins werde von allen Menschen in jedem Stande und in jedem Berufe genommen, und, was hauptsächlich zu beklagen sei, dieses Tun erscheine den meisten nicht mehr als sündhaft, sondern als eine erlaubte Erwerbsart.[151]

Im Laufe der Entwicklung hält die katholische Kirche zwar am Zinsverbot fest, läßt aber Ausnahmeregelungen zu:

Stellte man die Entschädigung für den Gebrauch des Darlehens als verwerflich hin, so erklärte man demgegenüber, daß nichts im Wege stehe, einen entsprechenden Ersatz vom Schuldner auszubedingen, wenn aus der Darlehensgewährung ein sicherer Schaden erwachse [...], ein sicherer Gewinn entgehe [...], die Rückgabe des Geliehenen in Frage gestellt [...] oder ihre vertragswidrige Verzögerung zu befürchten sei.[152]

---

[150] Wünsch, Georg, Evangelische Wirtschaftsethik, Tübingen 1927, S. 336.
[151] Ramp, a.a.O., S. 111.
[152] Ebenda, S. 112f.

Mit diesen Regelungen, den sogenannten *Interessentiteln*, wird versucht, Anspruch und Wirklichkeit, Theorie und Praxis miteinander zu versöhnen. Problematischer stellt sich die Lage dar, wenn kein Entschuldigungsgrund für die Zinsnahme vorliegt und auf die staatlich festgesetzten Zinshöhen verwiesen wird. Der Apostolische Stuhl muß sich mit mehreren solcher Streitfälle auseinandersetzen.

> *Als einer Dame in Lyon 1822 die Absolution verweigert wurde, weil sie von ihrem Vermögen den gesetzlichen Zins bezog, wandte sie sich nach Rom, und das heilige Officium entschied gegen die Beichtväter.*[153]

Ein endgültiges Urteil der katholischen Kirche wurde in dieser Frage in Aussicht gestellt und für die Zwischenzeit die Absolution erlaubt.

> *Die Folge war, daß in der kirchlichen Bußpraxis die Verfolgung der Wuchersünde praktisch aufgegeben wurde.*[154]

[153] Ebenda, S. 113f.
[154] Ebenda, S. 114.

5. Zwei Religionen und die Zinsfrage: Christen und Juden

Das kanonische Zinsverbot im christlichen Abendland des Mittelalters kann nicht losgelöst vom religiösen und sozialen Status der Juden in Europa betrachtet werden. Die mittelalterliche Rechtsetzung in der Frage des Zinsnehmens hat entscheidende Auswirkungen auf die Lebensverhältnisse der jüdischen Gläubigen. Diese Auswirkungen prägen beispiellos die Berufsstruktur der Juden und entscheiden mit über Verfolgung oder Duldung der nichtchristlichen Religion. Das Liebesgebot, das von den christlichen Lehrern regelmäßig zur Begründung des Zinsverbots herangezogen wird, findet seine Anwendung offensichtlich überhaupt nicht in Bezug auf den Umgang mit Andersgläubigen. Pogrome und Antisemitismus haben ihre Ursachen und Wurzeln auch und gerade im mittelalterlichen Verständnis der (Geld-) Wirtschaft durch die Christen. Im Bewußtsein, daß die umfassende Darstellung des schwierigen Beziehungsgeflechts von Christen und Juden Thema einer eigenen Ausarbeitung sein müßte, wird im folgenden diese Entwicklung überblicksmäßig skizziert. Die Zeitspanne reicht dabei vom Mittelalter bis in die Neuzeit und die jüngere deutsche Vergangenheit, indem das durchgängige antisemitische Klischee vom 'Juden als dem bösen Wucherer' dargestellt wird und der Gebrauch des Zinsthemas durch die Nationalsozialisten untersucht wird.

5.1. Die Auswirkungen des Zinsverbotes der Christen auf die Juden

Die Bestimmungen der Hebräischen Bibel über die abzulehnende Zinsnahme gelten sowohl für Juden als auch für Christen. Die Erlaubnis zur Zinsnahme von Fremden aus dem 5. Buch Mose (Dtn 23, 20-21) läßt relativ offen, wer als ein Fremder anzusehen ist. Dennoch werden im Laufe der Geschichte die Christen diese Tora-Textstelle anders auslegen als die Juden. Die historische Auseinanderentwicklung der beiden Religionen (Etablierung des Christentums aus den gemeinsamen jüdischen Wurzeln, aber in immer offenkundigerer Ablehnung dieser Wurzeln) wird an dieser Bibelstelle exemplarisch deutlich. Für das Mittelalter stellt Le Goff fest:

> *Die Erlaubnis der Wucherzinsnahme von Fremden hat im Mittelalter nur in jüdisch-christlicher Richtung Gültigkeit, nicht umgekehrt; denn die mittelalterlichen Christen betrachten die Juden nicht als Fremde.*[155]

Das bedeutet, daß die Juden in den Christen Fremde sehen, von denen eine Zinsnahme statthaft ist. Daß Christen die Juden nicht als Fremde ansehen, bedeutet allerdings nicht, daß die Juden ungefährdet leben können.

> *Die Lage der Juden war nie ungefährlich. Sie bilden eine religiöse Minderheit, unterscheiden sich von ihrer Umgebung in der Ausübung ihres Glaubens, in ihren Festen, in Sprache und Sitten; sie sind in manchen Städten wohlhabend geworden durch den aufblühenden Handel und die wachsende Geldwirtschaft.*[156]

Entscheidend für die Beurteilung der gesellschaftlichen und ökonomischen Stellung der Juden ist vor allem, welchen Zeitraum man sich anschaut. Zur groben Orientierung sei auf den Umbruch durch die Kreuzzüge (im 11. - 13. Jahrhundert) und auf die beginnende soziale Trennung der Juden von der christlichen Umwelt im 13. und 14. Jahrhundert verwiesen. Nimmt man diese Daten als Zäsuren, dann läßt sich für die der Veränderung vorhergehende Zeit folgendes feststellen:

---

[155] Le Goff, 1988, a.a.O., S. 20.
[156] Kampmann, Wanda, Deutsche und Juden. Die Geschichte der Juden in Deutschland vom Mittelalter bis zum Beginn des Ersten Weltkrieges, Frankfurt am Main 1989, S. 15.

Die Juden des frühen Mittelalters waren, was sie schon im Altertum gewesen waren, Stadtbewohner, also Kaufleute, Handwerker und Ackerbürger, sie besaßen Häuser, Gärten und Weinberge, waren auch Ärzte und Talmudgelehrte. Daß sie keine Grundherren und keine Bauern waren, verhinderte die lehensrechtliche Ordnung der feudalen Gesellschaft, die durch religiöse Eide gefestigt war, Nichtchristen also nicht zuließ. [...] Für den Handel waren sie durch ihre internationalen Verbindungen und durch die Kenntnis orientalischer Sprachen besonders geeignet, auch durch den Kredit, den sie unter den weit verstreuten Glaubensgenossen besaßen. Könige und Bischöfe als Stadtherren schätzen die wirtschaftliche Bedeutung der jüdischen Gemeinden, statten sie mit Privilegien aus, sichern ihnen Schutz ihres Lebens und Eigentums zu, gewähren Freizügigkeit und freie Ausübung ihrer Geschäfte und verbieten - ganz im Sinne des kanonischen Rechts - die Zwangstaufe.[157]

Die Kreuzzüge, die 1096 beginnen, stellen eine entscheidende Wende bezüglich der Behandlung der Juden dar. Bereits auf dem Weg ins Heilige Land, das man von den Nichtchristen befreien wollte, kommt es zu Ausschreitungen und Morden an Juden. Die religiös verbrämte Begründung für diese Pogrome wird als Stereotyp über Jahrhunderte durch die Köpfe der Nichtjuden geistern: nämlich der Vorwurf, daß die Juden die Mörder Christi seien.

Dies ist die religiöse Wurzel der Verbrechen, die nun begangen werden: Bekehrungseifer, Rache an den Mördern Christi. Und bald heißt es in volkstümlicher Vereinfachung des kirchlichen Ablaßversprechens: wer einen Juden tötet, erhält Vergebung seiner Sünden.[158]

Neben den Kreuzzügen spielen die Beschlüsse der Konzilien von 1179 und 1215 eine wichtige Rolle bei den Weichenstellungen der Zukunft für die mittelalterlichen Juden.

---

[157] Ebenda, S. 14.
[158] Ebenda, S. 16.

Die Absonderung der Juden von der Bürgerschaft, die zum Ghetto führt, vollzieht sich [...] im 13., in Deutschland im 14. Jahrhundert, als sich die Beschlüsse des 3. und 4. Laterankonzils (1179 und 1215) allmählich auswirken. Erst jetzt werden die Judenviertel gegen die übrige Stadt durch Mauern und Tore abgesperrt.[159]

Als zentrales Element dieser Beschlüsse kommt 1215 das kanonische Zinsverbot ins Spiel. Die christliche Seite argumentiert darin in scharfer Distanzierung von den Juden:

[...] Je mehr sich die christliche Religion in der Eintreibung der Wucherzinsen Einschränkungen auferlegt, desto übermütiger wird darin der Unglaube der Juden, so daß in kurzer Zeit das Vermögen der Christen erschöpft sein wird. Da wir in dieser Hinsicht Vorsorge treffen wollen, daß die Christen nicht unermeßlich von den Juden beschwert werden, so bestimmen wir durch Konzilsdekret, daß, wenn weiterhin die Juden, unter welchem Vorwand auch immer, von den Christen schwere und unangemessene Wucherzinsen erpressen, ihnen die Gemeinschaft mit Christen entzogen werden soll, bis sie wegen dieser unangemessenen Beschwerung geziemende Genugtuung geleistet haben. Die Christen aber sollen, wenn es nötig ist, durch kirchliche Zensur nach erfolgter Ermahnung angehalten werden, sich vom Handelsverkehr mit ihnen zu enthalten [...].[160]

Die bisherige Gemeinschaft mit den Christen wird den Juden also entzogen, nur der besagte Handelsverkehr weitet sich bezogen auf die Geldwirtschaft und damit auch auf den Zins immer mehr aus. Durch die christlichen Konzilsbeschlüsse kommt es zu einer brisanten Situation zwischen Juden und Christen, die durchaus als christliche Doppelmoral bezeichnet werden kann:

Das Zinsverbot der Kirche, das nur die Christen betrifft, drängt die Juden seit dem 12. und 13. Jahrhundert in den Geldhandel,

---

[159] Ebenda, S. 15.
[160] Rengstorf, Karl Heinrich und von Kortzfleisch, Siegfried (Hgg.), Kirche und Synagoge, Bd. 1, Stuttgart 1968, S. 222. Abgedruckt auch in : Informationen zur politischen Bildung, hg. von der Bundeszentrale für politische Bildung, Geschichte des jüdischen Volkes, Nr. 140, Neudruck 1991, S. 19.

einen wirtschaftlich notwendigen, aber verachteten Beruf. Die verhängnisvolle Entwicklung beginnt sich abzuzeichnen: die Juden werden zu Gläubigern, die Christen zu Schuldnern, ein stets gespanntes Verhältnis, das zu Entladungen drängt.[161]

5.2. *Um dieses Gelderwerbs willen schützt man sie und – tötet man sie*: Die Stigmatisierung der Juden

Die christliche Umwelt definiert die Stellung der Juden in der mittelalterlichen Gesellschaft und weist ihnen ihren Platz darin zu. Die Kreuzzüge eröffnen nun auch den Christen die Handelsverbindungen zum Morgenland, die bis dahin – wie beschrieben – eher von Juden genutzt wurden.

Seit die Reformkirche mit dem Zinsverbot ernst gemacht hat – bis ins 11. Jahrhundert hinein waren noch die Klöster die Geldgeber – seit christliche Kaufleute im Gefolge der Kreuzfahrer die Verbindung mit dem Orienthandel selber aufgenommen haben und Genossenschaften bilden, die Juden verschlossen sind, seit die Handwerker sich zu Zünften zusammenschließen, Kredite aber für die wachsende Geldwirtschaft notwendiger sind als je, bleibt den Juden als einziger und ihnen ausdrücklich zugewiesener Erwerb das Geldgeschäft, verbunden mit der Pfandleihe. Sie erhalten oft nur für diesen Zweck das Niederlassungsrecht in den Städten, man kann sie nicht entbehren.[162]

Entbehrlich schien stattdessen die Zahlungsmoral:

Für die jüdischen Geldverleiher gab es [...] ein besonderes Risiko, weil die Schuldner vor gewalttätiger Beseitigung ihrer Schuldtitel nicht zurückschreckten. König Wenzel verfügte zweimal eine allgemeine Tilgung der Schulden, die seine christlichen Stände bei den Juden hatten; dafür zeigten sich ihm die Fürsten und Herren erkenntlich. In den Städten war der

---

[161] Kampmann, a.a.O., S. 15.
[162] Ebenda, S. 23.

Handwerkerstand besonders verschuldet, auf dem Lande der Kleinadel, im 15. Jahrhundert auch die Bauern.[163]

Parallel zu der neuen christlich-jüdischen Rollenverteilung auf dem Gebiet der Ökonomie entstehen Legenden rund um die Juden, die die Situation zusätzlich anheizen. Zu nennen sind die Ritualmord-Vorwürfe ab dem 12 Jahrhundert:

1146 taucht die erste Anklage auf einen Ritualmord auf: ein christliches Kind sei getötet und sein Blut den Matzen zugesetzt worden[164]

sowie der Vorwurf der Hostienschändigung und der Vorwurf der Brunnenvergiftung als angeblicher Auslöser der Pestepidemien von 1348/49 bis 1352.

Es kommt zur klassischen Sündenbockfunktion der Juden, die sie gerade in der Zeit der Pest oftmals mit ihrem Leben bezahlen müssen. Mittelalterliche Holzschnitte zeugen von der Brutalität der Pogrome[165]; Verbrennungen und andere Todesstrafen werden vollzogen.

Man könnte sich fragen, warum die Juden nicht rechtzeitig die Flucht ergreifen. Sie sehen die Katastrophe oft monatelang vor sich. Aber die mittelalterliche Lebensordnung hat keine Lücken, keine Hohlräume, in die eine kleine Gruppe von 'Ungläubigen' hätte einsickern können. Ihre Duldung beruht auf dem notwendigen, aber verachteten Zinsgeschäft, dies ist der ihnen einzig zugewiesene soziale Ort, um dieses Gelderwerbs willen schützt man sie und – tötet man sie. Sie hätten sich nur zu dem fahrenden Volk der Landstraßen gesellen können, die strenge Ausübung der talmudischen Gesetze verbot es ihnen; sie hätten sich taufen lassen können, wie es die spanischen Juden getan haben (die Marranen), wir hören davon nicht. Dann lodern überall die Scheiterhaufen, werden die Judenviertel geplündert

---

[163] Ebenda.

[164] Le Goff, Jacques, Das Hochmittelalter, Frankfurt am Main 1965, Fischer Weltgeschichte, Bd. 11, S. 182.

[165] Vgl. Informationen zur politischen Bildung Nr. 140, 1991, a.a.O., S. 17.

und verbrannt, sie hätten nirgendwo mehr Aufnahme finden können.[166]

Le Goff spricht im Zusammenhang der Sündenbockfunktion der Juden für die Christen von

einer Christenheit, die ihr wachsendes Selbstbewußtsein bekräftigt, indem sie andere ausschließt und verfolgt.[167]

---

[166] Kampmann, a.a.O., S. 27.
[167] Le Goff, 1965, a.a.O., S. 182.

5.3. Luthers antisemitische Haltung und die Wucherfrage

Luther distanziert sich in seinen theologischen Aussagen als Reformator nicht nur von der Theologie der katholischen Kirche, sondern er grenzt sich auch und gerade von der jüdischen Theologie ab. Damit steht er in der langen Tradition der mittelalterlichen Argumentationen, Legendenbildungen und schließlich auch der zahlreichen Pogrome. Die neue protestantische Theologie bricht insofern nicht mit dem althergebrachten Antijudaismus des Christentums.

Was waren nun aber Luthers Aussagen über die Juden? 1543 gibt Luther die Schrift *Von den Juden und ihren Lügen* heraus, deren Titel viel über den Inhalt aussagt. Er hält die Juden abschätzig für diejenigen, die den Messias nicht erkannt haben und die die Dreifaltigkeitslehre ablehnen. Folgerichtig gehören sie missioniert. Wer sich nicht vom Christentum überzeugen und taufen lasse, der sei von den weltlichen Herrschern des Landes zu verweisen, notfalls indem man ihm das Haus zerstöre.[168]

Man solle die Synagogen und Schulen verbrennen und noch höllisches Feuer hineinwerfen, damit Gott unseren Ernst und alle Welt solches Exempel sehe. Man solle ihre Häuser zerstören und sie wie die Zigeuner 'unter ein Dach oder Stall' tun, damit sie wissen, daß sie nicht Herren im Land, sondern im Elend und gefangen sind. Ihre Gebet- und Talmudbücher solle man ihnen abnehmen, auch die Bibel, denn sie gebrauchten sie nur zur Lästerung, und den Rabbinern das Lehren verbieten. [...] Den Geldhandel solle man ihnen verbieten und ihnen Barschaft und Kleinodien abnehmen, man könne sie den willig sich bekehrenden Juden als Lohn geben.[169]

---

[168] Vgl. Kampmann, a.a.O., S. 45.
[169] Ebenda, S. 45.

Luthers Gleichsetzung der Juden mit den Wucherern verwundert weder angesichts seiner theologischen Aussagen zu den Juden und zur Zinsnahme noch angesichts des geschilderten Hineindrängens der Juden in den Geldhandel durch die Christen. Wucher durch die Juden ist für Luther letztlich Diebstahl vom Einkommen anderer:

> Sie leben bey uns zu Hause, unter unserem Schutz und Schirm, brauchen Land und Strassen, Marckt und Gassen, Dazu sitzen die Fürsten und Oberkeit, schnarcken und haben das Maul offen, Lassen die Juden aus jrem offenem Beutel und Kasten nemen, stelen und rauben, was sie wollen, das ist: sie lassen sich selbs und jr Unterthanen durch der Juden Wucher schinden und aussaugen und mit jrem eigen Gelde sich zu Bettler machen.[170]

Es überrascht nicht, daß der Nationalsozialismus Luthers Schrift *Von den Juden und ihren Lügen* dankbar aufgegriffen hat.

> Sie ist schon in der Frühzeit des Nationalsozialismus öfter neu gedruckt und propagandistisch ausgewertet worden. Dabei konnte man Luthers sieben Ratschläge zur Bekämpfung und Ausrottung des Judentums wörtlich übernehmen, ein Kommentar hätte sie nur abgeschwächt.[171]

Es ist – über diese Ausführungen hinaus – zu fragen und differenziert zu beantworten, ob die Lutherforschung dem Aspekt des Antisemitismus bei Luther bereits genügend nachgegangen ist. Die Nennung des folgenden Zitates von Michael Messmer vom Jüdischen Diaspora Museum, Bad Homburg, sei als Aufforderung dazu verstanden:

> Deutschland 'besaß' in der Welt den größten Nährboden zum Massenmord überhaupt. In einem Land wie diesem, das über drei Jahrhunderte zuvor einen der größten Antisemiten der Welt hervorbrachte, nämlich Dr. Martin Luther. Nur aus Luthers Deutschland und nirgendwo anders konnte Holocaustland erwachsen.[172]

---

170 Zitiert aus Ramp, 1949, a.a.O., S. 47, Fußnote 62.
171 Kampmann, a.a.O., S. 42.
172 Der Spiegel, Nr. 23 vom 3.6.1996, Hamburg 1996, S. 10.

5.4. Der Nationalsozialismus und die sogenannte *"Brechung der Zinsknechtschaft"*

Der Nationalsozialismus und der mit ihm untrennbar verbundene Massenmord an den europäischen Juden kam nicht über Nacht. Er wurde vorbereitet. Zur Auseinandersetzung mit den ideologischen Wurzeln und Weichenstellungen für den deutschen Faschismus und damit letztlich für die Deportationszüge in die Konzentrationslager der Nazis gehört auch die Frage nach der faschistischen Inanspruchnahme des Zinsthemas. Zwei Aspekte rücken dabei in den Vordergrund: Zum einen die Frage, welche Bedeutung die Zinsthematik für die antisemitische Propaganda der Nazis hatte, was ich an der Entstehungsgeschichte der NSDAP-Parteiprogrammsparole von der sogenannten *Brechung der Zinsknechtschaft* untersuche. Zum anderen die schwierige Frage, welche Relevanz das Zinsthema im Hinblick auf die 'Erklärbarkeit' des „unerklärten Völkermordes"[173] an den Juden hatte bzw. haben könnte. Hierbei werde ich mich mit den entsprechenden Theorien des Bremer Genozidforschers Prof. Gunnar Heinsohn auseinandersetzen.

Bezeichnenderweise liegt aus dem Jahr 1933 ein theologischer Fachaufsatz über *Das kanonische Zinsverbot* von einem *Rechtsanwalt Max Austen, Dingelstädt*[174] vor, der – was kaum verwundert – eine stark antisemitisch gefärbte Argumentation aufweist und der noch heute weiterhin voll-

---

[173] Vgl. Heinsohn, Gunnar, Warum Auschwitz? Hitlers Plan und die Ratlosigkeit der Nachwelt, Reinbek bei Hamburg 1995, S. 11.

[174] Austen, Max, Das kanonische Zinsverbot, Zeitschrift „Theologie und Glaube" (ThG), Band 25, 1933, S. 441-455.

kommen unkommentiert in theologischen Nachschlagewerken unter dem Stichwort 'Zins' zitiert wird.[175] Dieser Text soll als Einstieg in die Thematik vorgestellt werden, weil er m. E exemplarisch verdeutlicht, welche Argumentationen bezüglich der Zinsnahme durch Juden bereits zu Beginn der faschistischen Machtergreifung sowie in deren Vorfeld vorhanden waren und von den Nazis aufgegriffen und verstärkt werden konnten.

5.4.1. Ein theologischer Zeitschriftenartikel zum Zinsthema aus dem Jahr 1933

Der Autor Max Austen beschreibt das Verhältnis der Juden zur Zinsnahme am Anfang noch teilweise relativ sachlich:

Das älteste Kulturvolk, welches unseres Wissens gesetzliche Zinsbeschränkungen aufstellte, waren die Juden. Moses verbot das Zinsnehmen von den armen Juden, gestattete es aber von den reichen Israeliten und den Nichtjuden. Da jedoch der Unterschied zwischen Arm und Reich sehr oft schwer festzustellen war und durch diese Bestimmung häufig den Armen der Kredit wegen der ungünstigen Aussichten für den Darleiher überhaupt entzogen wurde, so untersagte er später ganz allgemein das Zinsnehmen von den Juden, gestattete es jedoch von den Fremden, da diese größtenteils phönizische Kaufleute waren, die das Geld produktiv verwerteten. Er pries das unentgeltliche Kreditgeben als eine Art Almosen, als ein gutes Werk, das Gott durch seinen Segen anderweitig belohnen werde.[176]

Es fällt auf, daß die Behauptungen zum mosaischen Gesetz, die Austen aufstellt, nicht vollständig den biblischen Grundlagen entsprechen und überhaupt nicht belegt werden. Immerhin spricht er hier noch von den Juden als einem

---

[175] So im dtv-Wörterbuch der Kirchengeschichte von Georg Denzler und Carl Andresen, München 1982, S. 637.
[176] Austen, 1933, a.a.O., S. 445.

Kulturvolk, denn nur wenige Ausführungen später werden die Juden zu einer *Menschenklasse* gemacht, die nur darauf aus sei, andere zu übervorteilen:

> *Eine Menschenklasse zog aus dem Zinsverbot den allergrößten Nutzen, die Juden. Sie standen außerhalb der christlichen Gesetzgebung und Gesellschaft [...], so daß auf sie die kirchlichen Wucherstrafen nicht angewandt werden konnten; um ihr Seelenheil brauchte sich der Kanon nicht zu kümmern. Ihnen sah deshalb die Kirche das Zinsnehmen, das die Christen nur auf Umwegen erlangen konnten, nach, zumal ihnen das Alte Testament den Zins von Nichtjuden, zu denen auch die Christen gehörten, gestattete.* [177]

Es folgt Austens Kernaussage über die Juden:

> *Von ihrer Zinserlaubnis machten sie bei ihrer angeborenen Neigung zur Gewinnsucht den ausgiebigsten Gebrauch; in Westdeutschland verlangten sie 40 - 90%, in Ostdeutschland sogar 100 - 180% Zinsen jährlich, und zwar mit dreifacher Sicherung; gerade das Darlehen in kleinen Beträgen und auf kurze Zeit brachte ihnen reichlich Nutzen, weil hierbei der hohe Zinsfuß nicht so offensichtlich zutage trat.* [178]

Die hohen Zinssätze in den Umgehungsgeschäften unter Christen erwähnt Austen natürlich nicht, sonst könnte sich ja womöglich seine Behauptung von einer „angeborenen Neigung zur Gewinnsucht" bei den Juden als unhaltbar erweisen. In klassischer Vertauschung von Ursache und Wirkung schildert Austen anschließend, warum diejenigen, die angeblich den „allergrößten Nutzen" aus dem Zinsverbot zogen, auf einmal Opfer statt Nutznießer werden:

> *Kein Wunder, wenn in manchen Städten die bedrückte Bevölkerung in ihrem Zorn über diese Habgier die Judenviertel überfiel, brannte und mordete und ihnen die übergebenen Pfänder und die ausgestellten Schuldurkunden entriß! Da die*

---

177 Ebenda, S. 450.
178 Ebenda, S. 450f.

Juden von Grundbesitz, Gewerbe und legitimem Handel, den nur der gildenmäßige Kaufmann ausüben durfte, ausgeschlossen waren und für ihre Duldung und für ihren Schutz als Fremde an den Kaiser, später auch noch an die Territorialfürsten und die Städte eine hohe Abgabe (Judenschoß) zahlen mußten, drängte sie schon ihre rechtliche und wirtschaftliche Lage zum lukrativen Erwerb durch den Wucher; dazu kam, daß sie wegen der öffentlichen Verachtung, die ihre Nation und Religion traf, an ihren Feinden, den Christen, dadurch Rache zu üben suchten, daß sie dieselben auf jede Weise finanziell übervorteilten. Durch ihre Ausnahmestellung vom Zinsverbot wurden sie die Träger des Handels und die Förderer des Personalkredits. Fürsten und Städte, denen es infolge der häufigen Fehden sehr oft an Geld mangelte, mußten in ihrer Finanznot ihnen die Steuern und Zölle verpfänden und gerieten so in ihre Abhängigkeit; dadurch erlangten sie neben der finanziellen noch eine politische Bedeutung.[179]

Der Leser eines solchen Textes im wissenschaftlichen Gewande kann nach der Lektüre nur die Schlußfolgerung ziehen, daß die Juden selber schuld an der Behandlung sind, die ihnen von christlicher Seite zuteil wird. Und wie gut, daß die Christen glanzvoll anders und in ihren *Bestrebungen* [...] *rein*[180] dastehen.

Die den Juden von Max Austen in seinen Ausführungen zugewiesenen Attribute sind demnach Rachegelüste gegenüber den Christen, eine Gewinnsucht angeborener Art und das Streben nach Übervorteilung der Nichtjuden. Welch bedrohlich inszeniertes Bild also, wenn *die Geldsuchenden in die Hände der Juden fielen, welche im Nehmen von hohen Zinsen nicht kargten.*[181]

Inhaltlich liegt zwischen einer solchen Argumentation und dem ebenfalls bedrohlich klingenden Nazi-Begriff der *Zinsknechtschaft* kein Unterschied.

---

[179] Ebenda, S. 451.
[180] Ebenda, S. 455.
[181] Ebenda, S. 448.

5.4.2. Die NSDAP
und die "*Brechung der Zinsknechtschaft*"

Der Begriff der *Brechung der Zinsknechtschaft* wird von der NSDAP in ihrer Frühphase entwickelt und als Forderung in das faschistische Parteiprogrammm aufgenommen. Protagonist der politischen Forderung nach Abschaffung jeglicher Zinsen ist *Gottfried Feder*.

Während der Gründungs- und Aufbauzeit der NSDAP galt vor allem Gottfried Feder als der maßgebliche Exponent der Partei in Wirtschaftsfragen. Dies war wahrscheinlich in nicht geringem Maße den lobenden Worten zuzuschreiben, die Hitler ihm in 'Mein Kampf' zukommen ließ. Jedoch galt Hitlers begeisterte Anerkennung Feders und seiner Theorien nicht deren wissenschaftlichem Erkenntniswert oder operativer Brauchbarkeit, sondern in erster Linie ihrer politischen und propagandistischen Zweckmäßigkeit: Nachdem ich den ersten Vortrag Feders angehört hatte, zuckte mir auch sofort der Gedanke durch den Kopf, nun den Weg zu einer der wesentlichsten Voraussetzungen zur Gründung einer neuen Partei gefunden zu haben.[182]

Feder, der sich bei der Ausarbeitung seiner Thesen vermutlich an *Silvio Gesells* zinskritischen Schwundgeld-Theorien, der sogenannten *Freigeldlehre* Gesells, orientiert hatte[183], lieferte dem werdenden Diktator Hitler eine ideale Vorlage für seine antisemitischen und propagandistischen Ziele.

Feders Differenzierung zwischen dem 'schaffenden' Industriekapital und dem 'raffenden' Finanzkapital – unter den Verhältnissen einer modernen kapitalistischen Wirtschaft und auch des damaligen Deutschlands eine völlig willkürliche und

---

[182] Barkai, Avraham, Das Wirtschaftssystem des Nationalsozialismus. Ideologie, Theorie, Politik 1933-1945, Frankfurt am Main 1988, S. 29 unter Verwendung eines Zitates aus Hitlers „Mein Kampf", S. 209f.

[183] Vgl. Barkai, 1988, a.a.O., S. 29.

leicht widerlegbare Konstruktion – war in der Tat die ideale
Formel, nach der sich die NSDAP 'antikapitalistisch' gebärden
konnte, ohne dabei diejenigen Wirtschaftskreise abzuschrecken,
um deren finanzielle und politische Unterstützung sie warb [...].
Man brauchte nur noch das 'raffende Finanzkapital' mit der
'jüdisch-internationalen Hochfinanz' zu identifizieren und hatte
damit ein vorzügliches Mittel geschaffen, mit dem die soziale
Unruhe breiter Gesellschaftsschichten auf den Antisemitismus
abzuleiten war.[184]

Es ist erschreckend, daß das Problem des Zinsnehmens in Gestalt von Feders Parole von der *Brechung der Zinsknechtschaft* die Weichen mitgestellt hat für die Gründung der NSDAP und damit letztlich auch für die Machtergreifung Hitlers und für den Holocaust.

---

[184]   Barkai, 1988, a.a.O., S. 29.

5.4.3. Die Antimodernisierungstheorie nach Heinsohn oder: Zinshaß als Vorwand für Judenhaß

Angesichts des Massenmordes an den europäischen Juden durch Hitlers Schergen stellt sich die Frage, wie der Holocaust in irgendeiner *verstehbaren* Weise für die Nachwelt *erklärbar* gemacht werden kann. Die Unmöglichkeit, die unfaßbaren Ereignisse faßbar zu machen, drängt sich dabei geradezu auf. Der Bremer Historiker, Ökonom und Soziologe *Gunnar Heinsohn* hat versucht, die verschiedenen Erklärungsansätze für Auschwitz, Sobibor und die anderen Todesstätten wenigstens zusammenzutragen und zu benennen. Sie sind als Denkhilfen gedacht, um mit der „Ratlosigkeit der Nachwelt"[185] reflektierter umgehen zu können.

Anhand von 42 Theorien hinterfragt Heinsohn kritisch den jeweiligen Erklärungsansatz. Die unterschiedlichen Erklärungsversuche lauten z.B.

- Auschwitz aus kollektivem Haß der Deutschen[186],
- Ewige Unerklärbarkeit von Auschwitz[187],
- Auschwitz als Rache für die Niederlage von Stalingrad[188],
- Auschwitz als Werk von Hitler als Psychopath[189] oder
- Ausschwitz als Vollendung des christlichen Judenhasses.[190]

---

[185] So der Untertitel von Heinsohns Arbeit: Warum Auschwitz? Hitlers Plan und die Ratlosigkeit der Nachwelt, a.a.O..
[186] Vgl. Heinsohn, 1995, a.a.O., S. 97.
[187] Ebenda, S. 47.
[188] Ebenda, S. 69.
[189] Ebenda, S. 101.
[190] Ebenda, S. 75.

Die Zinsthematik findet sich in der sogenannten *Antimodernisierungstheorie* wieder. Heinsohn beschreibt sie mit „Auschwitz für die Behinderung der Modernisierung Europas"[191]. Als diejenigen Elemente, die angeblich eine Modernisierung Europas behindern, werden in dieser Position der Parlamentarismus und die Demokratie sowie Pazifismus und Internationalismus angesehen. Diese gesellschaftlichen Phänomene werden von den Vertretern dieser Theorie überwiegend abgelehnt bis verachtet und gleichzeitig mit den Juden in Verbindung gebracht. Demnach hätte Hitler den Holocaust betrieben wegen „des jüdischen Vorsprungs in emanzipatorischem Denken und Handeln"[192].

Der Diktator selbst stehe aber vielmehr für ein antimodernes Denken:

> *Als Antimoderner soll Hitler nicht zuletzt als Feind von Banken- und Börsenwesen, als Hasser der 'Zinsknechtschaft', mithin als Gegner des Kapitalismus hervorgetreten sein.*[193]

Heinsohn weist im einzelnen nach, daß diese Thesen nicht aufrecht erhalten bleiben können. Hitlers Arrangement mit dem Privateigentum läßt seinen angeblichen Antikapitalismus hinfällig werden, dies „macht selbstredend den ganzen Stolz der marxistischen Faschismusforschung aus"[194].

Bezogen auf Hitlers Zinshaß erläutert Heinsohn:

> *Die Schwäche der These von Auschwitz als Akt der Antimodernisierung besteht darin, daß Ursache und Wirkung verwechselt werden. Es ist Judenhaß, aus dem der Haß auf den*

---

[191] Ebenda, S. 67.
[192] Ebenda unter Verwendung eines Zitates von H. Graml, Zur Genesis der 'Endlö-sung', in: Büttner, U. (Hg.), Das Unrechtsregime: Internationale Forschung über den Nationalsozialismus. Festschrift W. Jochmann, Bd. 1, Hamburg 1986, S. 2-18.
[193] Heinsohn, 1995, a.a.O., S. 68.
[194] Ebenda.

jüdischen Bankier geschneidert wird, und nicht ein eigenständiger und obendrein ehrenwerter Haß auf Zinsen oder Banken [...], der dann die jüdischen Finanziers trifft [...]. Auch im Mittelalter und der frühen Neuzeit ist es keineswegs ein natürlicher Zinshaß, der den jüdischen Geldverleiher trifft, sondern umgekehrt ein Judenhaß, der sich den Zins zum Vorwand nimmt.[195]

5.5. Was bleibt ? Von der Hartnäckigkeit des Stereotyps vom bösen jüdischen Wucherer

Bilder und Vorstellungen haben Macht über uns und beeinflussen unsere Verhaltensweise. Die „Bilder der Judenfeindschaft"[196] stecken tief in uns und sind uns meistens nicht bewußt. Es ist deshalb lobenswert, daß im Rahmen der Ausstellung des Jüdischen Museums der Stadt Wien über „Die Macht der Bilder. Antisemitische Vorurteile und Mythen"[197] diese Klischee-Vorstellungen und antisemitischen Stereotypen vorgestellt und damit bewußt gemacht werden. Das Bild des Wucherers findet sich in dieser Auflistung neben dem Klischee vom Ritualmord, dem Stereotyp des Gottesmordes und anderer Bilder der Judenfeindschaft.

Zu fragen bleibt bei der Aneinanderreihung dieser Klischee-Bilder vor allem, was bleiben wird von diesen feindlichen Vorstellungen. Warum halten sich Vorurteile und Mythen so hartnäckig und so lange?

---

[195] Ebenda.
[196] So die Überschrift einer Auflistung verschiedener antisemitischer Klischeevorstellungen und -bilder, in: Schoeps, Julius H. und Schlör, Joachim (Hgg.), Antisemitismus. Vorurteile und Mythen, München 1995, S. 5.
[197] So auch der Titel der Publikation zu dieser Ausstellung: Jüdisches Museum der Stadt Wien (Hg.), Die Macht der Bilder. Antisemitische Vorurteile und Mythen, Wien 1995.

Bestimmte literarische Figuren prägen die antisemitische Bilder mit. Als klassisch gilt die Person des *Shylock* aus *Shakespeares* „Der Kaufmann von Venedig".[198] Im deutschsprachigen Raum kommt auch die Person des *Hungerpastors* von *Wilhelm Raabe* (1864 erschienen) als eine solche literarisch prägende Figur hinzu.

Neben den Figuren der Literatur kann die Sprache an sich selbstredend und verräterisch sein.
Der Gebrauch der Sprache hat tatsächlich manche Begriffe automatisch mit den Juden gleichgesetzt:

> *Im französischen Sprachgebrauch bedeutete das Wort 'juif' seit dem 12. Jahrhundert auch 'Wucherer', und die Wörterbücher übersetzen 'juiverie' mit Judenschaft, mit Ghetto und mit Wucherhandel. Eine solche selbstverständliche Synonymität kennt die deutsche Sprache nicht, obwohl das Grimmsche Wörterbuch verzeichnet, daß bis ins 18. Jahrhundert hinein der Wucherer gelegentlich einfach Jude genannt wurde.*[199]

Auch das Englische zeigt solche sprachlichen Gleichsetzungen:

> *Übrig blieben die sprachlichen Spuren: 'to jew', gleichbedeutend nach dem Oxford Dictionary mit 'betrügen, übervorteilen'.*[200]

Es lohnt sich, darüber nachzudenken, ob Bilder und Vorstellungen im Kopf nicht mehr betrügen können als es Menschen jemals untereinander tun können.

---

[198] Vgl. Schoeps und Schlör, 1995, a.a.O., S. 119ff.
[199] Kampmann, a.a.O., S. 324.
[200] Claussen, Detlev, Grenzen der Aufklärung. Die gesellschaftliche Genese des modernen Antisemitismus, Frankfurt am Main, 1994, S. 58.

6. Gegenwart: Die (Nicht-) Relevanz der Zinsfrage für heutige Theologie und Politik

Von dem Schweizer Wirtschaftswissenschaftler *Hans-Christoph Binswanger*, der als der Begründer der Idee einer *Ökosteuer* bekannt geworden ist, stammt folgender markanter Ausspruch über das aktuelle Geld- und Zinswesen:

> [...] *99 Prozent der Menschen sehen das Geldproblem nicht. Die Wisssenschaft sieht es nicht, die Ökonomie sieht es nicht, sie erklärt es sogar als nichtexistent. Solange wir aber die Geldwirtschaft nicht als Problem erkennen, ist keine ökologische Wende möglich.* [201]

Am Ende des 20. Jahrhundert merken die Gesellschaften in Nord und Süd allmählich, daß der Bereich des Ökonomischen nicht mehr länger isoliert betrachtet werden kann von den Bereichen des Ökologischen und des Sozialen. Der *oikos* als die *ganze bewohnbare Erde* verweist auf die Notwendigkeit, haushälterisch und sorgsam mit unserem Globus und seinen Menschen, Tieren und Pflanzen umzugehen. Auch und gerade das überkonfessionelle Handlungsfeld der Ökumene rückt mit den oikos-Begriffen *Ökonomie* und *Ökologie* ins Blickfeld des vorrangigen Interesses.

Erstaunlich ist, daß der grundsätzlichen Kritik an der Berechtigung der Zinsnahme in diesem globalen Handlungsbereich gar keine bzw. zu wenig Beachtung geschenkt wird. Die Schuldenkrise der südlichen Länder hat bei den engagierten Gruppen und Einzelvertretern zwar den Ruf nach einer umfassenden und wirksamen

---

[201] Zitiert aus Grimmel, Eckhard, Kreisläufe und Kreislaufstörungen der Erde, Reinbek bei Hamburg, 1993, S. 174.

Schuldenstreichung für die Entwicklungsländer laut werden lassen[202], eine fundamentale Ablehnung jeglicher Zinsnahme wurde aber bislang nicht in Betracht gezogen. Warnungen über die Gefahr der wachsenden Verschuldung und Gegenstrategien gibt es genügend[203], nur fehlt es an der Einsicht und am Willen der profitierenden nördlichen Länder, Veränderungen herbeizuführen.

Die wachsende Auseinandersetzung der nördlichen Kirchen mit der Befreiungstheologie Südamerikas und das Ingangbringen des Konziliaren Prozesses für Gerechtigkeit, Frieden und die Bewahrung der Schöpfung sind Hoffnungsschimmer am Horizont. Hier wird wichtige Bewußtseinsarbeit geleistet und der Blick über die sprichwörtlich eigene Kirchtumspitze geweitet. Dennoch: Die Macht des verzinsten Geldes bleibt undiskutiert und damit auch weiterhin unangetastet. Im deutschsprachigen Raum läßt sich, wie erwähnt, momentan hauptsächlich ein Theologe nennen, der sich umfassend und kritisch mit dem kapitalistischen Geldwesen auseinandersetzt: *Ulrich Duchrow*, Theologieprofessor an der Universität Heidelberg. Seine Publikationen kritisieren ausdrücklich den Zinseszins-Mechanismus, der das derzeitige System der „Geldvermehrung und Geldverehrung"[204] entscheidend trägt.

Eine solche Argumentation wird von den offiziellen Geldverwaltern noch immer abgetan, wenn nicht gar belächelt. Der Chefvolkswirt und Mitglied des Direktoriums

---

[202]   Exemplarisch für mehrere Organisationen nenne ich die Organisation KAIROS Europa mit Sitz in Heidelberg, Hegenichstr. 22.

[203]   Vgl. George, Susan, Der Schuldenbumerang. Wie die Schulden der Dritten Welt uns alle bedrohen, Reinbek bei Hamburg, 1993 und dies., Wie die anderen sterben. Die wahren Ursachen des Welthungers, Berlin 1976. Außerdem: Bund für Umwelt und Naturschutz Deutschland (BUND) e.V. (Hg.), Wie Weltbankmacht die Welt krank macht. Umweltzerstörungen durch Weltbankprojekte, Köln 1988.

[204]   Duchrow, 1991, a.a.O..

der einflußreichen Deutschen Bundesbank, *Otmar Issing*, hat sich 1993 in einem Artikel für die „Frankfurter Allgemeine Zeitung" mit dem „Zins und seinem moralischen Schatten"[205] auseinandergesetzt. Nach einem geschichtlichen Rückblick stellt er für die Gegenwart fest:

> *Das aristotelische Verdikt wird heute schwerlich noch jemanden beeindrucken, und mit einer Doktrin aus dem gemeinhin als 'finster' apostrophierten Mittelalter wird sich ansonsten kaum ein Bürger unserer so aufgeklärten Zeit identifizieren. Ob aber nun die Meinungen der Vergangenheit das Bewußtsein der heute Lebenden stärker beeinflussen, als dies für möglich gehalten wird, oder ob dies nicht zutrifft, so bleiben doch berechtigte Zweifel, ob der Zins [...] jemals seinen 'moralischen Schatten' vollständig losgeworden ist. In der innerlichen Ablehnung, der die moralische Achtung leicht folgt, liegt wohl auch die Wurzel dafür, daß die Sehnsucht nach der zinslosen Wirtschaft zum Beispiel am Rande von Kirchentagen immer wieder ihre Anhänger versammelt.*[206]

Die Feststellungen Issings können für den Umgang mit der Vergangenheit als durchaus zutreffend bewertet werden. Zwischen den Zeilen wird dem Leser aber suggeriert, daß die jetzige Wirtschaftsform schon das Nonplusultra darstellt, an dem nur sehnsüchtig Träumende etwas in der Zukunft verändern wollen. Die soziale Brisanz des Zinseszins-Effektes wird in einer solchen Argumentation nicht zur Kenntnis genommen. Demnach erscheint auch eine durchaus realisierbare zinslose Währungs-Alternative als nicht notwendig. Gerade die Denkschule der sogenannten *Freiwirte*, die sich auf *Silvio Gesell* bezieht und versucht, aus dessen Wirtschaftsthesen über ein *alterndes Geld*, den Zins

---

[205] Issing, Otmar, Der Zins und sein moralischer Schatten. Bis heute ist der Preis des Kredits mit dem Stigma des Anstößigen behaftet. Zur Rolle des Zinses in der modernen Wirtschaft, in: FAZ vom 20.11.1993.

[206] Ebenda.

zu überwinden, hat die Thesen des Bundesbankers deshalb entschieden zurückgewiesen.[207]

Die Ermangelung von vorstellbaren Gegenentwürfen ist dann wohl auch die Hauptursache, warum der Status quo nur von denjenigen hinterfragt wird, die unter der jetzigen Wirtschaftsform zu leiden haben. Ideengeschichtlich wirkt sich hier nach der historischen Zäsur von 1989 der Zusammenbruch und Wegfall des kommunistisch-sozialistischen Gegenentwurfes aus. Dem daraus resultierenden Triumphgefühl des Westens sollte sehr selbstkritisch und nachdenklich die Möglichkeit entgegengesetzt werden, daß „der Kapitalismus nicht gesiegt haben könnte, sondern lediglich übriggeblieben ist"[208]. Steigende Arbeitslosenzahlen, soziale Scherenentwicklungen und besorgniserregende Umwelt-daten sollten davor warnen, zu systemgläubig zu sein. Alternativen müssen deshalb angedacht und ausprobiert werden. Duchrow stellt in seinen „Alternativen zur kapitalistischen Weltwirtschaft"[209] solche denkbaren Gegenentwürfe vor. Erst mit neuen, vorstellbaren Bildern können umsetzbare Zukunftsentwürfe erstellt werden.

Ausgehend von der These, daß dem Zinseszins-Effekt bei den gegenwärtigen globalen und individuellen Problemen eine zentrale Bedeutung zukommt, die es zu überwinden gilt, wird nach der Darstellung des Problems des Zinsnehmens in der Geschichte und nach dem kritischen Blick auf die Gegenwart im folgenden nun der Versuch unternommen werden, im Sinne einer Zukunftswerkstatt zinslose Gegenentwürfe vorzustellen. Der Arbeitstitel dieses

---

[207] Vgl. die Zusammenstellung der Gegenthesen in: Der Zins im Kreuzfeuer, Sonderdruck 3/94 der Zeitschrift Der Dritte Weg, Hamburg 1994.

[208] So der Titel eines kritischen Aufklebers nach 1989.

[209] Duchrow, 1994, a.a.O..

Unterfangens lautet (Der Kirchentag läßt grüßen!): *Der Markt der zinslosen Möglichkeiten.*

7. Zukunftswerkstatt:
Der Markt der zinslosen Möglichkeiten

Der Begriff *Zukunftswerkstatt* wurde entscheidend von dem Zukunftsforscher *Robert Jungk* geprägt. Aus der Erfahrung heraus, daß man sich als Bürger oder Bürgerin in die öffentlichen Angelegenheiten und Planungen erfolgreich einmischen kann und oftmals auch notgedrungenermaßen einmischen *muß*, um sinnvolle Projekte zu verwirklichen bzw. um gefährlichen Fehlplanungen produktiven Widerstand entgegenzusetzen, hat Jungk dieses Konzept entwickelt. Damit sich die Beteiligten von den meist vorgegebenen und als unabänderlich ausgegebenen, scheinbaren 'Sachzwängen' im politischen Alltag nicht von Anfang an in ihrer Motivation und Kreativität beeindrucken und ablenken lassen, werden die Teilnehmer(innen) einer Zukunftswerkstatt bewußt aufgefordert, in einer ersten Arbeitsphase auch und gerade Utopien anzudenken und erst im zweiten Schritt die Frage nach der Realisierbarkeit der (nicht immer 'nur' utopischen) Wünsche und Ziele zu stellen.[210] Bilder und Wunschvorstellungen von sinnvollen Projekten werden in einer Zukunftswerkstatt demnach ernst genommen statt belächelt. Initiativ werdende Bürger(innen) werden mit ihren Vorstellungen einer lebbaren Zukunft motiviert und bestärkt. Positive Gegenentwürfe, die man sich bildlich vorstellen und insofern geistig vorwegnehmen kann, bekommen so den Charakter eines starken Motors, der die Betroffenen anregt und antreibt, sich nicht mit jeder Entscheidung 'von oben'

---

[210] Vgl. Jungk, Robert u. Müllert, Norbert R., Zukunftswerkstätten. Mit Phantasie gegen Routine und Resignation, München 1989.

abzufinden. Jungk hat mit seinem Konzept der Zukunftswerkstätten die Bürgerinitiativbewegung der 1970er und 1980er Jahre mit geprägt und auf den Weg gebracht.

Man stelle sich nun einmal vor, man könne tatsächlich das Währungssystem verändern und tatsächlich eine Zahlungseinheit ohne Zinsen und Zinseszinseffekt installieren. Was würde dann passieren? Ist dies sinnvoll, wünschenswert und vielleicht auch schon in Teilen heute lebbar?

Willkommen also auf dem

Markt der zinslosen Möglichkeiten

*Die Zunkunftswerkstatt ohne Zinsen kann beginnen.
Begleiten Sie uns nun auf dem Rundgang über eine
kreative Ideenbörse!*

☞ *Beachten Sie zu Ihrer Linken den Informationsstand des
Projektes*

LEIH-
GEMEINSCHAFTEN

Die Damen und Herren dieser Abteilung wagen es
tatsächlich, für das Verleihen eines Teils ihrer eigenen
Ersparnisse keine Bank als vermittelnde Institution
einzuschalten. Stattdessen berichten sich die
Teilnehmer(innen) untereinander, zu welchem Zweck sie
Gelder einsetzen wollen bzw. benötigen. Der Kauf oder
die Renovierung eines Hauses ist solch ein Projekt, zu
dem eine individuell ausgerichtete Leihgemeinschaft
gegründet werden kann. Auch die Ablösung von alten
Schulden bei den Banken kommt in Frage. Der Clou an
den Leihgemeinschaften besteht darin, daß die Banken
keinen Pfennig Zinsen an diesen Leihgeschäften
verdienen, man sich also untereinander zinsfreie Kredite
gewährt, deren Rückzahlung tatsächlich nur aus der
Tilgung und nicht aus dem Schuldendienst der Banken
besteht. Man kann sich vorstellen, wieviel
Kommunikation im Zusammenhang einer
Leihgemeinschaft entsteht, zumal man sich das zu
finanzierende Projekt und die leihenden Menschen
genau anschauen muß. Die Anonymität des sonstigen
Bankgeschäftes fällt damit bewußt weg. Verliehene
Gelder können selbstverständlich auch vorzeitig
zurückgefordert werden. Der Leihende käme aber erst in

den Zwang, zu einer konventionellen Bank zu gehen, wenn alle Teilnehmer der Leihgemeinschaft ihre Gelder vorzeitig aufkündigten. Dazu müßte eigentlich ein großes Zerwürfnis der Projektpartner vorausgegangen sein. Die Bochumer *Gemeinschaftsbank Leihen und Schenken* (GLS-Bank) stellt den Leihgemeinschaften die entsprechenden Konten zur Verwaltung der Projekte zur Verfügung. Der faktische Zinsverzicht der Gebenden wird entweder damit kompensiert, daß die Geldgeber selbst einmal zinsfreie Kredite in Anspruch nehmen möchten, oder wird mit der Erfahrung der aktiven Selbsthilfe in Opposition zu den offiziellen Bankenpraktiken wettgemacht. Es versteht sich von selbst, daß Leihgemeinschaften mit ein wenig Anleitung selbst gegründet werden können. Das Aufbrechen der Anonymität im Geldverkehr hat neben den Leihgeschäften auch schon zu Entschuldungen z.B. von Sozialhilfeempfängern geführt, bei der der Aspekt des freiwilligen solidarischen Verschenkens von Geldern eine Rolle spielt.[211]

---

[211] Informationen zu den zinsfreien Leihgemeinschaften kann man u.a. einholen bei der einzigen Non-Profit-Bank Deutschlands, der Gemeinschaftsbank Leihen und Schenken (GLS-Bank), Oscar-Hoffmann-Straße 25, 44789 Bochum.

☞ *Verlassen wir nun den Stand der Leihgemeinschafts-Gruppen und begeben uns zu den Initiatoren der*

TAUSCH- UND VERRECHNUNGSRINGE

Tausch- und Verrechnungsringe haben in England und Kanada bereits eine lange Tradition. In Deutschland erleben sie erst seit 1994/95 einen Gründungsboom. Der Grundgedanke der Tauschringe ist, daß jedermann und jede Frau einige ganz besondere Talente und Begabungen hat, mit denen er anderen, die über diese Fertigkeiten nicht verfügen, helfen kann. Die klassische Arbeitsteilung soll aber nicht mit Bargeld beglichen werden, sondern wird per Kartei oder Computer bargeldlos miteinander verrechnet. Mit dem Fehlen von baren Geldtransaktionen fallen selbstverständlich auch die Faktoren Zins und Zinseszins aus. Da es um konkrete Dienstleistungen der Ringteilnehmer untereinander geht, hat das Moment der Spekulation und Geldherausgabe gegen höchsterreichbaren Zinsgewinn keine Bedeutung mehr. Die Teilnehmer(innen) der Tausch- und Verrechnungsringe informieren sich mittels eines Rundbriefs bzw. einer Zeitschrift über ihr eigenes Angebot und über ihre Nachfrage. Das Ideal einer Marktgesellschaft ohne Spekulation wird hier antizipiert. Von Vorteil ist außerdem, daß gerade diejenigen, die wenig Geld, aber viel Zeit und häufig auch Talente haben wie Sozialhilfeempfänger oder Studenten und Rentner von diesem bargeldlosen Verrechnungssystem profitieren, weil die zinslosen Computer-währungsguthaben (noch) nicht auf staatliche Transfer-leistungen angerechnet werden müssen. Bei den Tausch- und Verrechnungsringen kann man von professionell ausgestalteter Nachbarschaftshilfe sprechen. Auch diese Talentringe, wie sie ebenfalls genannt werden, lassen sich in einer Gruppe problemlos selbst gründen.[212] Die Evangelisch-lutherische Betlehem-Kirchengemeinde am Holtenser Berg in Göttingen hat ein sozialpädagogisch betreutes Nachbarschaftsprojekt auf den Weg gebracht, daß den Tausch- und Verrechnungsringen sehr ähnelt:

> [...] *das Angebot der 'bargeldlosen Nachbarschaftshilfe.' Angeregt von einer Idee, die aus England stammt und dort auch seit Jahren erfolgreich praktiziert wird, wird mit 'Punkten, statt mit Geld bezahlt.' Die sogenannten LOPS, die für Soziale Punkte stehen, können verdient und ausgegeben werden: Auf einem Punktekonto wird vermerkt, daß ein Nachbar sich zum Beispiel durch Rasenmähen 15 Punkte verdient hat. Braucht er dann Hilfe bei der Ausrichtung seiner Geburtstagsfeier, kann er sich für diese Punkte Kuchen backen lassen.*[213]

---

[212] Hintergrundinformationen zu den Tausch- und Verrechnungsringen finden sich bei Kennedy, Margrit, Geld ohne Zinsen und Inflation. Ein Tauschmittel, das jedem dient, München 1991, S.189 ff und bei Estermann, Thomas, Hämmerli, Matina u. Jehle, Bruno, Alternative Geldmodelle. Zwei Beiträge zur praktischen Umsetzung, hg. von der Internationalen Vereinigung für natürliche Wirtschaftsordnung INWO Schweiz, Postfach, CH-5001 Aarau, 1993. Adressen von bestehenden Tauschringen publiziert Contraste, die Monatszeitschrift für Ökologie und Selbstverwaltung, Postfach 10 45 20, D-69035 Heidelberg.

[213] Hessisch-Niedersächsische Allgemeine (HNA) vom 1.6.1996, Artikel „Treffpunktladen bietet bargeldlose Nachbarschaftshilfe", S. 16.

☞ *Lassen Sie uns nun den Stand der*

SCHULDNERBERATUNG

besuchen:

Auf der Ebene der staatlichen Kommunen wurden in Zusammenarbeit mit den Diakonischen Werken in vielen Städten solche Schuldnerberatungsstellen ins Leben gerufen und mit fachlich geschultem Personal besetzt.[214] Aufgabe der Schuldnerberatung ist es, den Hilfesuchenden Rettungsanker in einer meist verfahrenen Situation zu sein. Die Erfahrung, daß man gegenüber den Gläubigern nicht vollkommen allein dasteht und daß man in seinem individuellen Lebenskontext eine Beratung bekommt, hilft schon weiter. Einen Freibrief kann die Schuldnerberatung allerdings nicht ausstellen. Ihre Aufgabe ist stattdessen, das oftmals mit der Verschuldung einhergehende heillose Durcheinander in finanziellen Dingen ordnen zu helfen und die Ursachen der persönlichen Finanzmisere schonungslos aufzuzeigen. Neben dem Versagen der Einzelnen, dem es gerade über Aufklärungsarbeit vorzubeugen gilt, müssen aber auch viele Finanzpraktiken der Banken kritisch hinterfragt und notfalls gesetzlich unterbunden werden. Der klassische Fall einer Bürgenunterschrift, geleistet z.B. durch einen Lebenspartner mit dem möglichen Risiko der Arbeitslosigkeit und des Auflösens der Lebensgemeinschaft kann der gesetzlich noch immer erlaubte Einstieg in eine Verschuldungskarriere, gerade bei jungen Paaren vor dem gemeinsamen Möbelkauf, sein.[215]

---

[214] Eine umfassende Übersicht über die Adressen der Schuldnerberatungsstellen in Deutschland findet sich in der Broschüre "Was mache ich mit meinen Schulden?" des Bundesministeriums für Familie, Senioren, Frauen und Jugend, Broschürenstelle, Postfach 201551, 53145 Bonn, 5. Auflage, Bonn 1995.

[215] Exemplarisch für die Auseinandersetzung mit Bankenpraktiken: Lobner, Christa, Allein gegen die Banken. Eine Frau im Kampf gegen die unseriösen Praktiken der Geldinstitute, München 1994 u. Möntmann, Hans G., Raubritter in

☞ *Was vor Jahren noch unmöglich erschien, wurde von den Schuldnerberatungsstellen und der Verbraucherberatung hart erkämpft und erstritten:*

DER KONKURS FÜR KLEINE LEUTE

Ab dem 1. Januar 1999 wird ein neues einheitliches Insolvenzrecht gelten. Die neue Insolvenzordnung und das Einführungsgesetz zur Insolvenzordnung werden das geltende Konkurs-, Vergleichs- und Gesamtvollstreckungsrecht ablösen. Das neue Recht wird auch überschuldeten Personen und Privathaushalten die Chance für einen wirtschaftlichen Neuanfang geben. Unter bestimmten Voraussetzungen können Sie von ihren Verbindlichkeiten befreit werden. Für Verbraucherinsolvenzen sind in Zukunft drei Stufen vorgesehen:

1. *Der Schuldner versucht eine außergerichtliche Einigung mit seinen Gläubigern vor einer Schuldnerberatungsstelle oder bei einem Rechtsanwalt.*
2. *Mißlingt diese Einigung, stellt das Insolvenzgericht fest, ob die Mehrheit der Gläubiger mit einem vom Schuldner vorgelegten Schuldenbereinigungsplan einverstanden ist. Die Zustimmung der Minderheit kann vom Gericht ersetzt werden, wenn der Plan inhaltlich angemessen ist.*
3. *Kommt auch der Schuldenbereinigungsplan nicht zustande, wird ein vereinfachtes Insolvenzrecht durchgeführt.*

Nach Durchführung des Insolvenzverfahrens muß der die Restschuldbefreiung beantragende Schuldner SIEBEN Jahre lang seine Gläubiger bestmöglich befriedigen. In dieser 'Wohlverhaltensphase' führt er den pfändbaren Teil seines Arbeitseinkommens an einen Treuhänder ab, der für die gleichmäßige Verteilung an alle Gläubiger verantwortlich ist. Hat sich der Schuldner in der genannten Frist 'redlich verhalten',

---

Glaspalästen. Obskure Praktiken in der Kreditwirtschaft, Frankfurt am Main 1995.

so werden ihm die verbleibenden Schulden erlassen (Restschuldbefreiung). Für Personen, die vor dem 1. Januar 1997 zahlungsunfähig geworden sind, wird die Wohlverhaltensperiode auf
5 Jahre verkürzt. Von der Erteilung der Restschuldbefreiung ausgenommen sind Schulden, die aus vorsätzlich begangenen unerlaubten Handlungen, aus Geldstrafen, Geldbußen sowie Zwangs- und Ordnungsgeldern herrühren.[216]

Die Siebenzahl der abzuzahlenden Jahre im künftigen bundesdeutschen Entschuldungsrecht muß einen Theologen natürlich an das Erlaßjahr aus Lev 25, 1-10 erinnern.[217]

☞ *Folgen Sie uns nun zum Stand der*

ÖKUMENISCHEN
ENTWICKLUNGSGENOSSENSCHAFT (EDCS)

Die *Ecumenical Development Cooperative Society*, EDCS, wurde 1975 auf Anregung des Weltkirchenrates in den Niederlanden gegründet. Die Idee der Genossenschaftsgründung war, daß die Spargelder des Nordens dem Süden zugute kommen sollen und durch eine entsprechende Organisationsbildung auch durchaus dort eingesetzt werden können. Dabei stehen Kredite zu fairen und möglichst günstigen Konditionen im Vordergrund. Almosenvergabe wird abgelehnt. 1993 unterstützte die EDCS-Genossenschaft mehr als 160 Projekte in Lateinamerika, Asien, Afrika und Europa. Die Geldervergabe erfolgt weitgehend transparent und den Geldleihenden werden die Probleme und Risiken der einzelnen Projekte nicht verschwiegen. EDCS nimmt Zinsen in Höhe von durchschnittlich 9 Prozent und

---

[216] Bundesministerium für Familie, usw., Broschüre „Was mache ich mit meinen Schulden?", a.a.O., S. 33f.
[217] Vgl. Kapitel 3.1.2.

erreicht damit eher den Mittelstand in den Entwicklungsländern als die Ärmsten der Armen. Dennoch betont man, mit dieser Geschäftspolitik gerade denjenigen Kredite vermitteln zu können, die anderswo solche nicht bekommen würden oder Wucherzinsen ausgeliefert wären.[218]

☞ *Wucherzinsen zu umgehen und gleichzeitig über Kleinkredite Existenzgründungen von Frauen in der sogenannten Dritten Welt zu unterstützen, ist das Anliegen der*

Selbsthilfe-Bank GRAMEEN in Bangladesh

Wir sind ein Kind der indischen Frauenbewegung, sagt Ela Bhat, Gründerin der indischen Self Employed Women's Association. 1974 begann Bhat, Kredite zwischen 3 und 150 Mark an arme Frauen zu verteilen, weil sie begriffen hatte, daß die als Kleinbäuerinnen die Ernährerinnen ihrer Familien sind, aber von den Banken nie für kreditwürdig gehalten wurden. Über 250 000 Existenzen half sie so gründen, das Geld wurde beachtlicherweise zu 95 Prozent zurückbezahlt.

Einem Hungrigen darf man kein Geld leihen, denn er wird es dazu verwenden, seinen leeren Bauch zu stopfen – gegen dieses Vorurteil kämpfte in den 70er Jahren auch der Bangladeshi Muhammad Yunus an. Er verlieh Geld aus eigener Tasche – und bekam es wieder. Trat als Bürge bei Banken auf – auch die bekamen ihr Geld zurück. Doch die Banken trauten der Sache nicht, so Yunus, also gründete ich meine eigene. Heute verleiht seine Grameen Bank 3 Millionen Mark pro Jahr, sie ist in 35 000 von 68 000 Dörfern in Bangladesh präsent. Die Idee: Existenzgründerinnen unabhängig zu machen von Wucherern, die Zinssätze von 25 Prozent verlangen. Wer einen

---

[218] Vgl. Drobinski, Matthias, Die Ökumenische Entwicklungsgenossenschaft (EDCS), in: Publik-Forum-Materialmappe „Geld, Zins und Gewissen. Neue Formen im Umgang mit Geld", hg. von Wolfgang Kessler, Oberursel 1993, S. 44 ff. Die Adresse des Niedersächsischen Förderkreises der EDCS lautet: Albrecht Bungeroth, Haferweg 5, 38518 Gifhorn.

Kredit bei der Grameen Bank beantragt, muß einen 'Unterstützer-Kreis' von fünf Bekannten mitbringen, Bedingungen für die Kreditvergabe gibt es keine. Daß du ein menschliches Wesen bist, reicht uns als Kriterium, *so Yunus*, Kredit ist ein Menschenrecht.[219]

Auf der Weltfrauenkonferenz in Peking im Herbst 1995 wurden die Idee und die Erfolge der Grameen Bank mit großem Interesse diskutiert. Hillary Clinton als 'First Lady' der USA entdeckte die soziale Innovation dieses Projektes, das inzwischen auch für Existenzgründungen von Frauen in den USA herangezogen wird.

Skeptikern, die das Wort 'Menschenrecht' auf dieser Konferenz der großen Worte schon zu oft gehört haben, erzählt Yunus folgende Geschichte: Eine Bettlerin will einen Grameen-Kredit beantragen, traut sich aber keine größere Summe als umgerechnet 15 Pfennige zu. Yunus versucht, ihr das Zehnfache aufzudrängen, nach wochenlangem Feilschen einigen sie sich auf 75 Pfennige, von denen die Frau Plastikhaarspangen und Haarbänder kauft, um sie wieder zu verkaufen. Als sie am darauf folgenden Tag an den Haustüren klopft, wollen ihr die Familien, wie gewohnt, eine milde Gabe vor die Füße werfen. Ich komme nicht als Bettlerin, ich habe etwas zu verkaufen, ruft sie durch die verschlossene Tür. Und weißt du, was passiert ist? fragt sie später Yunus: Sie haben mir einen Stuhl angeboten, damit ich meine Ware zeigen kann – zum ersten Mal im Leben hat mir jemand einen Stuhl angeboten! Respekt im Dorf, aber auch Respekt von den Männern erfahren Frauen, die zum ersten Mal eigenes Geld haben. Einer hat mir erzählt, er traue sich nicht mehr, seine Frau zu verprügeln, erzählt Yunus.[220]

Die Bankselbsthilfe im Entwicklungsland Bangladesh mausert sich tatächlich zum Vorbild für sozial benachteiligte Frauen in den USA. In einem Interview verdeutlicht die Präsidentin der amerikanischen *Ms. Foundation for women*, die seit mehr als zehn Jahren Kleinkredite an amerikanische Frauen vergibt, Marie C. Wilson, diesen Prozeß:

---

[219] Die Woche, Nr. 38 vom 15. September 1995, S. 29 unter dem Titel „Schlaue arme Schwestern".
[220] Ebenda.

Wilson: *Ich habe auf der letzten Weltfrauenkonferenz in Nairobi Muhammad Yunus von der Grameen Bank in Bangladesh kennengelernt. er hat ein System von Kleinstkrediten entwickelt, das armen Frauen eine eigene Existenz ermöglicht. Mir leuchtete das sofort ein. Ich komme aus einer Gegend in Iowa, die man ohne weiteres als Entwicklungsland bezeichnen könnte: keine Jobs für Frauen. Die Frauenbewegung konnte ihnen zwar moralische Unterstützung geben, aber keine Jobs. Inzwischen sind nach dem Vorbild der Grameen Bank 300 Banken in den USA entstanden, im Zentrum von Chikago genauso wie im Indianer-Reservat Pine Ridge in South Dakota.*

(Frage:) *Aber in Amerika ist es wohl kaum damit getan, eine Milchkuh oder eine Ziege zu finanzieren?*

Wilson: *500 Dollar reichen, um zum Beispiel eine Nähmaschine zu kaufen oder einen Computer, um Visitenkarten zu drucken. Aber genau diese 500 Dollar bekommen arme Frauen, viele von ihnen Afroamerikanerinnen, von keiner normalen Bank geliehen. Jede Frau, die einen Kleinkredit erhält, schafft es, innerhalb einer Woche auf eigenen Füßen zu stehen – und zum Beispiel mit ihren Kindern aus dem Haus eines prügelnden Ehemannes auszuziehen. 90 Prozent der Kredite werden zurückbezahlt. Und das wichtigste ist: Die Frauen verjubeln das Geld nicht, jeder Dollar fließt zurück ins Geschäft und in die Familie.*[221]

☞ *Beenden wir unseren Ausflug auf den Markt der zinslosen Möglichkeiten nun mit einem kurzen Gang zum Stand der*

---

[221] Ebenda unter dem Titel „Ideen-Import. Entwicklungshilfe für die Erste Welt fordert Marie C. Wilson".

CHRISTEN FÜR GERECHTE WIRTSCHAFTSORDNUNG (CGW) e.V.

Die Vereinigung *Christen für gerechte Wirtschaftsordnung*[222] versteht sich in der biblischen Tradition der Kritik am Zinswesen stehend. Sie fordert die Überwindung des exponentiell wachsenden Zinseszins-Effektes mittels einer periodischen Steuer auf Bargeld und mittels der Nichtverzinsung von Buchgeldern. Der Bezug auf Thesen von Silvio Gesell ist bei der Vereinigung sichtbar. Aktualisiert werden Gesells Forderungen[223] mit den Thesen Margrit Kennedys und Helmut Creutz'[224], die zusätzlich zu einem spekulationsfreien Geldsystem auch eine Bodenordnung installiert sehen möchten, die die Nutzung des Bodens gegenüber der Spekulation mit Boden betont (z.B. über Erbbaurechte und über die Abschöpfung der Boden-wertzuwächse für die Allgemeinheit statt für Private).

Die theologische Verankerung der CGW zeigt die Stellungnahme des Vereins im Rahmen des Konsultationsprozesses über das gemeinsame Wort der Kirchen „Zur wirtschaftlichen und sozialen Lage in Deutschland" vom Januar 1995:

In dieser Stellungnahme mahnt der CGW die Weisheitsschätze des biblischen Wirtschaftsrecht auch für unsere heutige wirtschaftliche Situation an.

Wenn Kirchen sich äußern, ohne sich ihrer Weisheitsschätze zu entsinnen, geben sie den Menschen Steine statt Brot. Zu diesen Weisheitsschätzen gehören die mosaischen Gesetze über Zinsverbot, Erlaßjahr und Halljahr, die bei Juden und Moslems stärkeres Interesse finden und auch uns zeigen könnten, wo Regelungen ansetzen müssen, damit die Wirtschaft nicht immer stärkere Ungleichgewichte erzeugt. Angesprochen ist damit unser Umgang sowohl mit Geld und Boden als auch mit

---

[222] Die Adresse des CGW e.V. lautet: Martin-Bucer-Str. 6, D-77694 Kehl (1. Vorsitzender: Prof. Dr. Roland Geitmann).

[223] Vgl. Gesell, Silvio, Die natürliche Wirtschaftsordnung durch Freiland und Freigeld, Kurzausgabe, Lauf bei Nürnberg 1986.

[224] Vgl. Kennedy, Margrit, 1991, a.a.O. und Creutz, Helmut, Das Geldsyndrom. Wege zu einer krisenfreien Marktwirtschaft, Frankfurt am Main und Berlin 1994.

Produktionsmitteln. [...] Obwohl wir seit Mose (Lev. 25) wissen, daß wir nur LehensnehmerInnen Gottes sind, haben wir den Boden zum privaten Spekulationsobjekt gemacht und lassen die entsprechend horrend gestiegenen Bodenrenten in private Taschen fließen. Die weit über 100 Mrd. DM pro Jahr in Deutschlnd aus Verzinsung und Steigerung der Bodenwerte müßten statt dessen als Grundsicherung kindererziehenden Eltern zur Verfügung gestellt werden, weil der Bodenwert von der Bevölkerungsdichte abhängt.[225]

CGW kritisiert, daß eine grundsätzliche Kritik am derzeitigen Geldwesen in dem gemeinsamen Kirchenpapier nicht vorkommt:

Für nicht erörterungsbedürftig halten die Autoren der kirchlichen Diskussionsgrundlage bezeihnenderweise das Geldwesen, obwohl überschuldete Familien, Firmenkonkurse, Staatsverschuldung, Zinsströme von arm zu reich. Inflation, Devisenspekulation und Geldwäsche genügend Anschauungsmaterial böten. [...] Es ist das unzureichend geordnete Geldwesen, das diese zunehmenden Ungleichgewichte erzeugt. Da sich Geld leihend und investierend nur zur Verfügung stellt, wenn es sich dabei durch Zins und Zinseszins vermehren kann, driften Geld und Bedarf immer weiter auseinander. Weil Geld dort schwindet, wo es gebraucht wird, kann notwendige Arbeit nicht bezahlt werden und verelenden die Ärmsten, solange die Wirtschaft nicht im Maße des Realzinssatzes wächst.[226]

Die Gegenentwürfe des CGW zur aktuellen Spekulation mit Geld und mit Boden erinnern an die wirtschaftlichen Ansätze Israels und mahnen diese an. Nicht durch Zufall hat der 1948 neugegründete Staat Israel seinen Boden verstaatlicht. Hier wird die biblische ökonomische Tradition spürbar.

---

[225] Stellungnahme im Rahmen des Konsultationsprozesses über ein gemeinsames Wort der Kirchen "Zur wirtschaftlichen und sozialen Lage in Deutschland", hg. v. Christen für gerechte Wirtschaftsordnung (CGW) e.V., Kehl, Januar 1995, S. 2f.

[226] Ebenda, S. 3.

8. (Religions-) Pädagogische Zugangsweisen

Wie läßt sich das Problem des Zinsnehmens im Unterricht behandeln und gestalten? Wenn diese Frage überhaupt gestellt wird, ist schon der entscheidenste Schritt getan, nämlich ein noch weitgehend unbekanntes und mit Theologie kaum in Zusammenhang gebrachtes, aber dennoch zentrales Thema tatsächlich auf die Tagesordnung zu setzen. Auszugehen ist von einer relativen Unkenntnis wirtschaftlicher Zusammenhänge und Abhängigkeiten. Im Sinne einer „ökonomischen Alphabetisierung"[227] nach Duchrow gilt es, erst einmal die Bereitschaft zu wecken, sich mit scheinbar komplizierten ökonomischen Fragen auseinanderzusetzen. Dabei kann sehr gut verdeutlicht werden, daß 'ökonomische Analphabeten' eher Opfer von wirtschaftlicher Macht werden können als kritische, informierte Menschen. Das Zinsthema kann als eigenständiges Thema im Unterricht besprochen werden oder als Teilbereich der scheinbar boomenden Wirtschaftsethik-Debatte eingebunden werden. Neben dem Religionsunterricht eignen sich auch die Fächer Geschichte, Arbeitslehre, Sozialkunde, Deutsch und selbst die Mathematik als Einrahmung einer Unterrichtseinheit. Ein fächerübergreifender Unterricht bietet sich bei diesem Thema geradezu an. Projektarbeit rückt so ins schulische Blickfeld.

Was läßt sich nun aber originär fachspezifisch zu der Zinsproblematik im Unterricht behandeln?

- Im *Deutschunterricht* kann man sich eine Auseinandersetzung mit der literarischen Figur des Shylock aus Shakespeares „Der Kaufmann von Venedig"

---

[227]   Vgl. Duchrow, 1994, a.a.O..

vorstellen. Im Originaltext gelesen, läßt sich dieser Text auch im ***Englischunterricht*** heranziehen. Die Thematisierung der Wucherer-Klischees und -stereotype stände im Mittelpunkt eines solchen Un-terrichts. Das Gleiche gilt für Wilhelm Raabes Buch „Der Hungerpastor", das man ebenfalls kritisch im Deutschunterricht besprechen könnte.[228]

Ein vollkommen anderes Beispiel stellt das literarische Werk von *Michael Ende* dar. Sein Klassiker „Momo"[229] über ein Mädchen, das die Herren der Zeitsparkasse überwindet, kann als Parabel zum derzeitigen Zinswesen angesehen werden. Von *Werner Onken* liegt eine ökonomische Interpretation von Momo vor.[230] Die Figur der Geldhexe in Endes „Wunschpunsch"[231] symbolisiert den alchemistischen Wunsch nach ständiger, scheinbar zaubermäßiger Geldvermehrung. Ende selbst hat sich in mehreren Äußerungen kritisch mit dem derzeitigen Geld- und Zinseszins-System auseinandergesetzt.[232] Das 1993 erschienene Werk „Der Rattenfänger. Ein Hamelner Totentanz"[233] ist eines der letzten Werke, in denen Ende die Zinsthematik aufgreift. Sein Biograph *Peter Boccarius* schreibt nach dem Tod Michael Endes 1995 in einem „Brief an einen toten Freund" folgendes über den „Rattenfänger":

Das war nun kein Spaß mehr, kein gemütvolles Märchen, keine Herzensfreude für Kinder. Es war – wenn auch im verfremdeten Kostüm – eine deutliche Warnung vor dem Materialismus unserer Zeit, eine düstere Parabel über die drohende Macht des Geldes: Für jedes Geldstück, das wir

---

[228] Vgl. Kapitel 5.5.

[229] Ende, Michael, Momo, Stuttgart 1973.

[230] Onken, Werner, Momo für Ökonomen. Ein Reiseführer in die Welt von morgen, in: Fragen der Freiheit, Nr. 183/1986, hg. v. Seminar für freiheitliche Ordnung, Boll 1986.

[231] Ende, Michael, Der Wunschpunsch, Stuttgart 1989.

[232] Vgl ders., Zettelkasten, Stuttgart 1994.

[233] Ders., Der Rattenfänger. Ein Hamelner Totentanz, Stuttgart 1993.

erwerben, / muß etwas sterben: / ein Baum – ein Tier – ein Gewässer – ein Kind... *Nur die wenigsten wissen, was dahintersteckt: daß Du Dich jahrelang intensiv mit dem gefährlichen Wachstum des Geldes ins Unermeßliche beschäftigt hast.*[234]

- Der **Mathematikunterricht** hat im Rahmen der Prozentrechnung auch das Zinsrechnen auf dem Lehrplan stehen. Das exponentielle Wachstum ins Unendliche ließe sich hier mit einfachsten Mitteln verdeutlichen. Daß dieses Unendliche in einer begrenzten Welt voll-kommen absurd ist, müßte zwangsläufig Aussage einer solchen kritischen Auseinandersetzung mit dem Zinseszins-Effekt sein.

- Der **Geschichtsunterricht** kann versuchen, die in Kapitel 4 dieser Ausarbeitung benannten historischen Zusammenhänge zu ver-deutlichen. Die Relevanz sozialer und ökonomischer Aspekte im jeweiligen historischen Geschehen ermöglicht neue Zugänge zu den Themen des Geschichtsunterichts. Geschichte kann dann auch eher aus dem Blickwinkel der sogenannten 'kleinen Leute' wahrgenommen werden und ist nicht mehr nur das glorreiche Handeln meist männlicher 'Helden'. Der Aspekt der Faschismusaufarbeitung hat im Geschichts-unterricht eine weitere, hochgradig wichtige Rolle, zu dem die Zinsthematik genügend Diskussionsstoff bietet.[235]

- Die wirtschaftliche Bedeutung der jeweiligen globalen und nationalen Zinspolitik und ihre Auswirkung auf die Arbeitsplatz- und Umweltsituation eines exemplarischen Landes kann Thema im **Arbeitslehre-**, **Geographie-** oder **Sozialkunde-Unterricht** sein. Die Bedeutung privater Überschuldung rückt in diesem Fächerbereich ebenfalls in

---

[234] Boccarius, Peter, Michael Ende. Der Anfang der Geschichte, Frankfurt am Main und Berlin 1995, S. 286.

[235] Vgl. Kapitel 5.4.

den Vordergrund, und es könnte durchaus Präventions- und Aufklärungsarbeit geleistet werden. Eine Analyse von verlockender Werbung der Banken könnte z.B. zum Inhalt einer Unterrichtsstunde werden.

- Die Bedeutung und eventuelle Anbetung des Geldes kann im *Religionsunterricht* angesprochen werden. Mit der scheinbar harmlosen und die Phantasie beflügelnden Frage 'Was würdest Du machen, wenn Du heute mehrere Millionen DM im Lotto gewinnen würdest?' ließe sich ein Unterrichtsgespräch über die Bedeutung und Wichtigkeit des Geldes in unserem Leben beginnen. Ziemlich schnell ist man bei einem solchen Einstieg bei den eigentlichen Wünschen der Schüler(innen) und bei deren Ansprüchen und Erwartungen an die Welt. Eine Diskussion über Werte und Sinnangebote bzw.-defizite wird sich höchstwahrscheinlich im Rahmen einer solchen Fragestellung anschließen. Die Weisheitsschätze der Bibel können in diesen Kontext eingebunden werden, sofern sie von den Schülern nicht als aufgesetzt oder verordnet angesehen werden.

Ein Blick in das Inhaltsverzeichnis dieser Arbeit verdeutlicht die breite Palette der Zugangsweisen im Religionsunterricht zur Zinsthematik. Als Steinbruch der Ideen und Anregungen lohnt es sich, einige der vorliegenden Kapitel unter dem Aspekt der Verwertung im Unterricht neu zu lesen.[236]

---

[236] Verwiesen sei noch auf drei speziell für den Religionsunterricht zugeschnittene Arbeitshilfen:

a) Hindriksen, Arendt (Hg.), Unter Geiern oder Vergib uns unsere Schuld(en). Eine Unterrichtseinheit in acht Schritten für die Sekundarstufe I + II und Berufsbildende Schulen von Christiane Schiwek, Reihe Reliprax, Nr.8, Bremen o.J.

b) Christmann, Wolfgang (Hg.), Wirtschaftsethik. Geld und Moral, Materialdienst des VKR-Niedersachsen, Nr. 4-92, Ilsede, März 1993.

c) Ders. (Hg.), Armut im Reichtum. Arbeitslose, Wohnungslose und andere Arme, Materialdienst des VKR-Niedersachsen, Nr. 4-91, Ilsede, Januar 1992.

9. Zusammenfassung und Schlußbetrachtung

Das Problem des Zinsnehmens ist ein uraltes Problem. Es birgt über die Möglichkeit des exponentiellen Wachstums der Zinseszinsen und über die Möglichkeit des Wucherns in sich eine immense soziale Brisanz. Die Bibel antwortet mit ihrem reichen Weisheits- und Erfahrungsschatz auf diese Gefahr. Die Not des Bruders, die es abzumildern gilt, steht im Zentrum des mosaischen Gesetzes und wird auch durch Jesus als entscheidend erkannt. Das Liebesgebot verweist auf die Notwendigkeit solidarischen Handelns. Daß diese Notwendigkeit im jeweiligen historischen Kontext bezogen auf die Zinsfrage unterschiedlich ausgestaltet wurde, hat der geschichtliche Teil dieser Arbeit gezeigt. Anhand der Zinsproblematik läßt sich außerdem exemplarisch das Verhältnis der Christen zu den Juden und umgekehrt aufzeigen. Das kanonische Zinsverbot der Christen weist den jüdisch Gläubigen im Mittelalter eine neue Berufsstruktur zu. Antisemitische Pogrome, Vorurteile und Stereotype nehmen u.a. an dieser Stelle ihren historischen Ausgang.

In einem Zeitschnitt wurde die fehlende, aber notwendige Relevanz der Zinseszins-Problematik in heutiger Theologie und Politik angesprochen. Dazu wurden Überlegungen angestellt, wie das Zinsthema im schulischen Unterricht angemessen behandelt werden könnte. In einem Projekt Zukunftswerkstatt wurden denkbare und vorstellbare Alternativen zur allgemeinen Geldverehrung und Geldvermehrung präsentiert.

Was bleibt also am Ende der Beschäftigung mit Fragen des Geldes und des Zinses?

Vielleicht die Einsicht, daß der Mensch *mehr ist*, als er vorgibt zu haben?

Vielleicht aber auch die Lust, neue Formen im Umgang mit Geld teilweise auszuprobieren. Man stelle sich vor, daß das *Salz der Erde* (Mt 5, 13) an immer mehr exemplarischen Stellen auf den 'Zins auf den Konten' verzichtete oder auf lokaler Ebene zinsfreie Zweitwährungen[237] ("Rostgeld", "Talente" "Grünmark", "Brakteaten" etc.) installierte...

Wie sähe eine solche Welt wohl aus?

---

[237] Zum Weiterlesen empfiehlt sich eine ausführliche Übersicht der schon bestehenden (!) zinsfreien Zweitwährungen bei: Bernard A. Lietaer, Das Geld der Zukunft. Über die destruktive Wirkung des existierenden Geldsystems und die Entwicklung von Komplementärwährungen, o.O., 1999, S.309 ff.

10. Literatur

Afheldt, Horst, Wohlstand für niemand? Die Marktwirtschaft entläßt ihre Kinder, München 1994.

Auer, Frank v. u. **Segbers**, Franz (Hgg.), Markt und Menschlichkeit. Kirchliche und gewerkschaftliche Beiträge zur Erneuerung der Sozialen Marktwirtschaft. Mit dem gemeinsamen Sozialwort der Kirchen, Reinbek bei Hamburg 1995.

Aristoteles, Politik, Reinbek bei Hamburg 1965.

Austen, Max, Das kanonische Zinsverbot, Zeitschrift „Theologie und Glaube" (ThG), Bd. 25, 1933.

Barkai, Avraham, Das Wirtschaftssystem des Nationalsozialismus. Ideologie, Theorie, Politik 1933-1945, Frankfurt am Main 1988.

Binswanger, Hans Christoph, Geld und Magie. Deutung und Kritik der modernen Wirtschaft anhand von Goethes Faust, Stuttgart 1985.

Ders. u. **Flotow**, Paschen v. (Hgg.), Geld und Wachstum: zur Philosophie und Praxis des Geldes, Stuttgart u. Wien 1994.

Bischoff, Reiner, Umweltzerstörung durch Geld- und Bodenwucher, Stuttgart 1991.

Boccarius, Peter: Michael Ende. Der Anfang der Geschichte, Frankfurt am Main u. Berlin 1995.

Brakelmann, Günter u. **Jähnichen**, Traugott (Hgg.), Die protestantischen Wurzeln der Sozialen Marktwirtschaft. Ein Quellenband, Gütersloh 1994.

Büttner, U. (Hg.), Das Unrechtsregime. Internationale Forschung über den Nationalsozialismus. Festschrift W. Jochmann, Bd. 1, Hamburg 1986.

Bund für Umwelt und Naturschutz Deutschland (BUND) e.V. (Hg.), Wie Weltbankmacht die Welt krank macht. Umweltzerstörungen durch Weltbankprojekte, Köln 1988.

Bundesministerium für Familie, Senioren, Frauen und Jugend (Hg.), Was mache ich mit meinen Schulden?, Broschüre, Bonn 1995.

Buri, Eduard, Christentum und Zins, Bern 1926.

Ders. u. **Schwarz**, Fritz, Der Zins vom Standpunkt der christlichen Ethik, der Moral und der Volkswirtschaft, Bern 1933.

Christen für gerechte Wirtschaftsordnung (CGW) e.V. (Hg.), Stellungnahme im Rahmen des Konsultationsprozesses über ein gemeinsames Wort der Kirchen „Zur wirtschaftlichen und sozialen Lage in Deutschland", Kehl 1995.

Christmann, Wolfgang (Hg.), Wirtschaftsethik. Geld und Moral, Materialdienst des VKR-Niedersachsen, Nr. 4-92, Ilsede 1993.

Ders., Armut im Reichtum. Arbeitslose, Wohnungslose und andere Arme, Materialdienst des VKR-Niedersachsen, Nr. 4-91, Ilsede 1992.

Claussen, Detlev, Grenzen der Aufklärung. Die gesellschaftliche Genese des modernen Antisemitismus, Frankfurt am Main 1994.

Contraste. Monatszeitschrift für Ökologie und Selbstverwaltung, Heidelberg.

Creutz, Helmut, Das Geldsyndrom. Wege zu einer krisenfreien Marktwirtschaft, Frankfurt am Main u. Berlin 1994.

Crüsemann, Frank, Die Tora. Theologie und Sozialgeschichte des alttestamentlichen Gesetzes, München 1992.

Crüsemann, Marlene u. **Schottroff**, Willy (Hgg.), Schuld und Schulden. Biblische Traditionen in gegenwärtigen Konflikten, München 1992.

Denzler, Georg u. **Andresen**, Carl, dtv-Wörterbuch der Kirchengeschichte, München 1982.

Der Dritte Weg (Hg.), Der Zins im Kreuzfeuer, Sonderdruck 3/94, Hamburg 1994.

DER SPIEGEL, Nr. 37 vom 12.9.1994, Hamburg 1994.

DER SPIEGEL, Nr. 23 vom 3.6.1996, Hamburg 1996.

Die Bibel, nach der deutschen Übersetzung Martin Luthers, Privilegierte Württembergische Bibelanstalt, Stuttgart o.J.

Die Grünen im Bundestag (Hg.), Banken. Fürstenhäuser unserer Zeit. Diskurs und Politikvorschläge zum Umbau der Kreditwirtschaft, Reihe Argumente, Bonn 1988.

DIE WOCHE, Nr. 38 vom 15.9.1995, Hamburg 1995.

DIE ZEIT (Hg.), Zeit der Ökonomen. Eine kritische Bilanz volkswirtschaftlichen Denkens, Reihe ZEIT-PUNKTE, Nr.3/1993, Hamburg 1993.

Drewermann, Eugen, Das Matthäusevangelium, Dritter Teil: Mt 20,20-28,20. Bilder der Erfüllung, Solothurn u. Düsseldorf 1995.

dtv-Lexikon, erarbeitet nach Unterlagen der Lexikon-Redaktion des Verlages F.A. Brockhaus, Bd.16, München 1975.

Duchrow, Ulrich, Weltwirtschaft heute – ein Feld für bekennende Kirche ? , München 1987.

Ders., Europa im Weltsystem 1492-1992. Gibt es einen Weg der Gerechtigkeit nach 500 Jahren Raub, Unterdrückung und Geldver(m)ehrung ?, Beilage zu „Junge Kirche", Heft 9, Bremen 1991.

Ders., Alternativen zur kapitalistischen Weltwirtschaft. Biblische Erinnerung und politische Ansätze zur Überwindung einer lebensbedrohenden Ökonomie, Gütersloh und Mainz 1994.

Ders., **Füllkrug-Weitzel**, C. u. **Raiser**, K. (Hgg.), Geld für wenige oder Leben für alle? Ökumenisches Hearing zum Internationalen Finanzsystem vom 21.-24.8.1988, Berlin und Oberursel 1989.

Elsner, Lothar, Wirtschaftliche Ungerechtigkeit als Anfrage an Markttheorie und methodistische Wirtschaftsethik, Theologische Studienbeiträge, Bd. 5, Stuttgart 1994.

Ende, Michael, Momo, Stuttgart 1973.

Ders., Der Wunschpunsch, Stuttgart 1989.

Ders., Der Rattenfänger. Ein Hamelner Totentanz, Stuttgart 1993.

Ders., Zettelkasten, Stuttgart 1994.

Estermann, Thomas, **Hämmerli**, Matina u. **Jehle**, Bruno, Alternative Geldmodelle. Zwei Beiträge zur praktischen Umsetzung, hg. von der Internationalen Vereinigung für Natürliche Wirtschaftsordnung (INWO), CH-Aarau 1993.

Flavius Josephus, Der jüdische Krieg, II 2,2.5; 7,3; I.Bd.

Frankfurter Allgemeine Zeitung (FAZ) vom 20.11.1993.

Füssel, Kuno, Drei Tage mit Jesus im Tempel. Einführung in die materialistische Lektüre der Bibel, Münster 1987.

Ders. u. **Segbers**, Franz (Hgg.), „... so lernen die Völker des Erdkreises Gerechtigkeit". Ein Arbeitsbuch zu Bibel und Ökonomie, Luzern u. Salzburg 1995.

Fuhrmann, Horst, Der schnöde Gewinn. Über das Zinsverbot im Mittelalter, in: Blick in die Wissenschaft, Forschungsmagazin der Universität Regensburg, Heft 5, Regensburg 1994.

Funk, Franz Xaver, Geschichte des kirchlichen Zinsverbotes, Tübingen 1876.

Furger, Franz, Moral oder Kapital? Grundlagen der Wirtschaftsethik, Zürich 1992.

George, Susan, Wie die anderen sterben. Die wahren Ursachen des Welthungers, Berlin 1976.

Dies., Der Schuldenbumerang. Wie die Schulden der Dritten Welt uns alle bedrohen, Reinbek bei Hamburg 1993.

Geremek, Bronislaw, Geschichte der Armut. Elend und Barmherzigkeit in Europa, München 1991.

Gesell, Silvio, Die Natürliche Wirtschaftsordnung durch Freiland und Freigeld, Kurzausgabe, Lauf bei Nürnberg 1986.

Grimmel, Eckhard, Kreisläufe und Kreislaufstörungen der Erde, Reinbek bei Hamburg 1993.

Gutmann, Gernot u. **Schüller**, Alfred (Hgg.), Ethik und Ordnungsfragen der Wirtschaft, Baden-Baden 1989.

Haller, Wilhelm, Die heilsame Alternative. Jesuanische Ethik in Wirtschaft und Politik, Wuppertal 1990.

Ders., Ohne Macht und Mandat. Der messianische Weg in Wirtschaft und Sozialem, Wuppertal 1992.

Hanesch, Walter u.a., Armut in Deutschland. Der Armutsbericht des DGB und des Paritätischen Wohlfahrtsverbandes, Reinbek bei Hamburg 1994.

Harnisch, Wolfgang, Die Gleichniserzählungen Jesu: Eine hermeneutische Einführung, Göttingen 1985.

Heinsohn, Gunnar, Warum Auschwitz? Hitlers Plan und die Ratlosigkeit der Nachwelt, Reinbek bei Hamburg 1995.

Hessisch-Niedersächsische Allgemeine (HNA) vom 1.6.1996.

Hindriksen, Arendt (Hg.), Unter Geiern oder Vergib uns unsere Schuld(en). Eine Unterrichtseinheit in acht Schritten für die Sekundarstufe I + II und Berufsbildende Schulen von Christiane Schiwek, Reihe Reliprax, Nr.8, Bremen o.J.

Holl, Karl, Festgabe für K. Müller, Tübingen 1922.

Ders., Gesammelte Aufsätze zur Kirchengeschichte, Bd. III, Tübingen 1928.

Informationen zur politischen Bildung, hg. von der Bundeszentrale für politische Bildung, Geschichte des jüdischen Volkes, Nr. 140, Neudruck 1991.

Internationale Vereinigung für Natürliche Wirtschaftsordnung INWO Schweiz (Hg.), Zukunftsfähige Wirtschaft. Denkanstösse und Handlungsansätze für eine zukunftsfähige Wirtschaftsordnung. Beiträge zur 4. Internationalen Tagung der INWO in Bern 1995, CH-Aaarau 1995.

Jüdisches Museum der Stadt Wien (Hg.), Die Macht der Bilder. Antisemitische Vorurteile und Mythen, Wien 1995.

JUNGE KIRCHE. Eine Zeitschrift europäischer Christen, Hefte 12/88 und 1/89, Bremen 1988 u. 1989.

Jungk, Robert u. **Müllert**, Norbert R., Zukunftswerkstätten. Mit Phantasie gegen Routine und Resignation, München 1989.

Kampmann, Wanda, Deutsche und Juden. Die Geschichte der Juden in Deutschland vom Mittelalter bis zum Beginn des Ersten Weltkrieges, Frankfurt am Main 1989.

Kennedy, Margrit, Geld ohne Zinsen und Inflation. Ein Tauschmittel, das jedem dient, München 1991.

Kessler, Rainer, Staat und Gesellschaft im vorexilischen Juda. Vom 8. Jahrhundert bis zum Exil, Leiden u.a. 1992.

Kessler, Wolfgang, Aufbruch zu neuen Ufern. Ein Manifest für eine sozial-ökologische Wirtschaftsdemokratie. Zur Diskussion gestellt von der Heinrich-Böll-Stiftung, Publik-Forum Dokumentation, Oberursel 1990.

Ders. (Hg.), Geld, Zins und Gewissen. Neue Formen im Umgang mit Geld, Publik-Forum-Materialmappe, Oberursel 1993.

Klingenberg, Eberhard, Das israelitische Zinsverbot in Torah, Mischnah und Talmud, Wiesbaden 1977.

Le Goff, Jacques, Das Hochmittelalter, Fischer Weltgeschichte, Bd. 11, Frankfurt am Main 1965.

Ders., Wucherzins und Höllenqualen. Ökonomie und Religion im Mittelalter, Stuttgart 1988.

Lietaer, Bernard A., Das Geld der Zukunft. Über die destruktive Wirkung des existierenden Geldsystems und die Entwicklung von Komplementärwährungen, o.O., 1999.

Lobner, Christa, Allein gegen die Banken. Eine Frau im Kampf gegen die unseriösen Praktiken der Geldinstitute, München 1994.

Marx/Engels-Werke, Bd. 23, Berlin o.J.

Mayer, Lothar, Ein System siegt sich zu Tode. Der Kapitalismus frißt seine Kinder, Publik-Forum Dokumentation, Oberursel 1993.

Möntmann, Hans G., Raubritter in Glaspalästen. Obskure Praktiken in der Kreditwirtschaft, Frankfurt am Main 1995.

Müller, Eckart u. **Diefenbacher**, Hans (Hgg.), Wirtschaft und Ethik – Eine kommentierte Bibliographie, Heidelberg 1992.

Noormann, Harry, Armut in Deutschland. Christen vor der neuen Sozialen Frage, Stuttgart 1991.

Onken, Werner, Momo für Ökonomen. Ein Reiseführer in die Welt von morgen, in: Fragen der Freiheit, Nr. 183/1986, hg. vom Seminar für freiheitliche Ordnung, Boll 1986.

Pirenne, Henri, Sozial- und Wirtschaftsgeschichte Europas im Mittelalter, Tübingen u. Basel 1994.

Prien, Hans-Jürgen, Luthers Wirtschaftsethik, Göttingen 1992.

Ramp, Ernst, Das Zinsproblem. Eine historische Untersuchung, Zürich 1949.

Rengstorf, Karl Heinrich u. **Kortzfleisch**, Siegfried v. (Hgg.), Kirche und Synagoge, Bd. 1, Stuttgart 1968.

Rich, Arthur, Wirtschaftsethik. Grundlagen in theologischer Perspektive, Gütersloh 1984.

Schelle, Arno, Kastrierter Cash oder der Umbau der Geldwirtschaft, in: Zeitschrift "Alternative 2000", Heft 18 (Bezugsadresse: D- 31079 Eberholzen, Gänseberg 11).

Schoeps, Julius H. u. **Schlör**, Joachim (Hgg.), Antisemitismus. Vorurteile und Mythen, München 1995.

Schröder, Heinz, Jesus und das Geld. Wirtschaftskommentar zum Neuen Testament, Karlsruhe 1979.

Schülerduden „Die Religionen", hg. von der Redaktion für Religion und Theologie des Bibliographischen Instituts, Mannheim, Wien u. Zürich 1977.

Schweizer, Eduard, Das Neue Testament deutsch (NTD), Bd.3, Das Evangelium nach Lukas, Göttingen 1986.

Spiegel, Yorick, Wirtschaftsethik und Wirtschaftspraxis - ein wachsender Widerspruch?, Stuttgart 1992.

SPIEGEL special, Money, Money. Der Glanz des Geldes, Nr. 5/1996, Hamburg 1996.

STIFTUNG WARENTEST (Hg.), Zeitschrift Finanztest, Nr. 3, Berlin 1991.

Theißen, Gerd, Der Schatten des Galiläers. Historische Jesusforschung in erzählender Form, München 1987.

Südwind e.V. (Hg.), „Die Kirche und ihr Geld. Vom Geld begeistert – vom Geist bewegt?", Siegburg 1993.

Vollkommer, Max (Hg.), Der Zins in Recht, Wirtschaft und Ethik, Atzelsberger Gespräche 1988. Drei Vorträge, Erlanger Forschungen, Reihe A, Geisteswissenschaften, Bd. 47, Erlangen 1989.

Wagner, Falk, Geld oder Gott? Zur Geldbestimmtheit der kulturellen und religiösen Lebenswelt, Stuttgart 1984.

Weber, Max, Die protestantische Ethik I. Eine Aufsatzsammlung, hg. von Johannes Winckelmann, Gütersloh 1991.

Weder, Hans, Die Gleichnisse Jesu als Metaphern: traditions- u. redaktionsgeschichtliche Analysen und Interpretationen, Göttingen 1984.

Wendnagel, Wera, Mama Moneta oder die Frauenfolge, Frankfurt am Main 1990.

Werner, Hans-Joachim, Geschichte der Freiwirtschaftsbewegung. 100 Jahre Kampf für eine Marktwirtschaft ohne Kapitalismus, Münster u. New York 1989.

Wünsch, Georg, Evangelische Wirtschaftsethik, Tübingen 1927.